5-7, rue de l'École-Polytechnique ; 75005 Paris
http://www.editions-harmattan.fr/
ISBN : 978-2-343-24871-4
EAN : 9782343248714

Présences économiques chinoises en Méditerranée

La bibliothèque de l'iReMMO

Collection dirigée par Pierre Blanc et Bruno Péquignot

Cette collection se propose de publier des textes sur tous les aspects de la vie sociale de la Méditerranée et du Moyen-Orient. Tous les domaines sont concernés, de la politique à la culture et aux arts, de l'analyse des mœurs et des comportements quotidiens à l'économie, de la vie intellectuelle à l'étude des institutions et organisations sociales, sans oublier la dimension historique ou géographique de ces phénomènes.

L'objectif est de créer une sorte d'encyclopédie, au sens historique de ce terme, présentant, de façon claire et rigoureuse, toutes les connaissances produites par la recherche scientifique, mais aussi par les réflexions des acteurs impliqués à tous les niveaux de la société. Chaque ouvrage vise à faire le point sur un sujet traité dans un souci de le rendre accessible au-delà des cercles des spécialistes.

Présences économiques chinoises en Méditerranée

Thierry Pairault et Xavier Richet

L'Harmattan

BIBLIOTHÈQUE DE L'IREMMO

En 2013, la Chine a défini une stratégie d'internationalisation ambitieuse qu'elle a intitulée l'*Initiative une ceinture et une route* (*Belt and Road Initiative* – BRI – en anglais) conduisant à développer des interconnexions à la fois terrestres, maritimes, aériennes, voire numériques, afin de favoriser et promouvoir ses échanges par la mobilisation de ses ressources financières et industrielles. Cette stratégie entend ainsi contribuer à la modernisation et à la construction d'infrastructures portuaires, ferroviaires et routières notamment dans les régions qui en sont souvent dépourvues et par lesquelles doivent transiter les exportations chinoises. Elle entend également essaimer au-delà du continent eurasiatique, notamment en Afrique et en Amérique latine.

La région méditerranéenne est un sous-ensemble non négligeable de l'espace couvert par ce projet à la fois par sa situation géopolitique, par ses besoins d'investissement (au sud et au sud-est), par l'importance des marchés existants (au nord) et potentiels (au nord-est, voire au sud). Dans le cadre de cette étude, nous nous focaliserons sur les présences économiques chinoises, aussi, nous ne traiterons pas spécifiquement des perspectives politiques de ces présences, mais nous en aborderons les dimensions géopolitiques et géoculturelles quand celles-ci s'imposeront pour les expliciter. Successivement, nous établirons le bilan des relations économiques sino-méditerranéennes puis exposerons les ambitions maritimes de la Chine avant de présenter des aperçus plus spécifiquement régionaux.

● ● ● Abréviations

10PMM : les dix pays méditerranéens du MENAT
26MED : les vingt-six pays riverains de la Méditerranée retenus dans cette étude.
ACP : analyse en composantes principales
AFD : Agence française de développement
ASEAN : Association of Southeast Asian Nations [Association des nations de l'Asie du Sud-Est]
BMCE : Banque marocaine du commerce extérieur
BO5 : les cinq pays des Balkans occidentaux (Albanie, Bosnie-Herzégovine, Macédoine du Nord, Monténégro et Serbie)
BO6 : les six pays des Balkans occidentaux (Albanie, Bosnie-Herzégovine, Macédoine du Nord, Monténégro, Serbie et Kosovo)
BTP : Bâtiments et travaux publics
CAI : Comprehensive Agreement on Investment (Accord général sur l'investissement)
CCCC : China Communications Construction Company
CDB : China Development Bank
CHEC : China Harbour Engineering Company
CMA-CGM : Compagnie maritime d'affrètement — Compagnie générale maritime
CMPort : China Merchants Port
CNUCED : Conférence des Nations unies sur le commerce et le développement
COMAC : Commercial Aircraft Corporation of China
COSCO : China Ocean Shipping Company
CSCEC : China State Construction Engineering Corp
ENR : Engineering News Record
EPC : Engineering, Procurement and Construction [Ingénierie, Approvisionnement et Construction]

EPC + F : Engineering, Procurement, Construction and Financing [Ingénierie, Approvisionnement, Construction et Financement].
Euromed : Partenariat commercial euro-méditerranéen
EVP : équivalent vingt pieds (conteneurs)
FBCF : formation brute de capital fixe
FMI : Fonds monétaire international
HPH : Hutchison Ports Holding
IDE : investissement direct à l'étranger
MC17 : les 17 pays membres du mécanisme de coopération 17+1
MENA : Middle East and North Africa
MENAT : Middle East, North Africa and Turkey
MOFA : Ministry of Foreign Affairs (Chine)
MOFCOM : Ministry of Commerce (Chine)
MoU : Memorandum of understanding [protocole d'accord]
NDRC : National Development and Reform Commission [Commission nationale pour le développement et la réforme] (Chine)
NRS : nouvelles routes de la soie
OCDE : Organisation de coopération et de développement économique
OOCL : Orient Overseas Container Line
OMC : Organisation mondiale du commerce
PESE : pays d'Europe du Sud-Est
PIB/t ppa : PIB par habitant en parité de pouvoir d'achat
PNUD : Programme des Nations-Unies pour le développement
QGGJ : Qingdao Port International
SASAC : State-Owned Assets Supervision and Administration Commission [Comité chargé du contrôle et de la gestion des actifs d'État] (Chine)
SIPG : Shanghai International Port Group
TEDA : Tianjin Economic-Technological Development Area
UE : Union européenne
UE28 : Union européenne à 28 (avant le 1er janvier 2021)
UE27 : Union européenne à 27 (après le 1er janvier 2021)
ZCECE : zone de coopération économique et commerciale à l'étranger
ZES : zone économique spéciale

● ● ● Introduction

La présence d'acteurs économiques chinois en Méditerranée est un phénomène récent et pourtant le bassin méditerranéen a été, il y a déjà depuis près de 4 000 ans, une destination privilégiée pour les marchandises – principalement la soie – venues du pays des Sères par voie terrestre avant qu'elle ne soit supplantée à partir du xive siècle par une route maritime remontant l'Atlantique. Nous assistons donc aujourd'hui à un retour qui ne se limite plus aux marchandises, mais qui s'élargit aux hommes et à leurs activités. Pour évoquer cette nouvelle présence économique chinoise, nous rappellerons brièvement les conditions de l'internationalisation de l'économie chinoise puis évoquerons les pays méditerranéens concernés par cette présence.

L'internationalisation de l'économie chinoise

À la suite des réformes et de la politique d'ouverture engagées à la fin des années 1970, la Chine est rapidement devenue un acteur déterminant des échanges ; elle est aujourd'hui en passe de devenir la première puissance commerciale au monde. Au cours des années 1980 et 1990, à travers une spécialisation dans la production massive de produits à faible valeur ajoutée, elle s'est voulue « l'atelier du monde » avant de changer de stratégie, notamment au début des années 2000 en montant en gamme dans sa production de biens exportés. Son accès à l'Organisation mondiale du commerce (OMC) en 2001, faisant suite au lancement à la fin des années 1990 d'une stratégie d'internationalisation (*zouchuqu*), la croissance de ses exportations et le mouvement d'acquisition et d'implantation d'entreprises à l'étranger se sont considérablement accrus. Le projet des nouvelles routes de la soie (NRS) s'inscrit dans cette trajectoire et traduit, de la part de la Chine, une volonté de « siniser » la mondialisation.

Une « économie socialiste de marché aux caractéristiques chinoises »

La forte croissance chinoise qui se poursuit continûment et régulièrement depuis près de quatre décennies ne cesse d'interpeller les spécialistes, économistes, politistes et historiens. La Chine, une économie (toujours) en développement, est passée par des expériences contrariées et contrastées de socialisme, faites de dérives volontaristes, de fuites en avant pour forger, finalement, le fameux oxymore de modèle de « socialisme de marché aux caractéristiques chinoises ».

Une réforme économique favorable au marché maintenant un important secteur public dont le périmètre s'est modifié par la succession de cessions et d'absorptions d'une part, une absence de réformes politiques *à l'occidentale* (état de droit, démocratie) de l'autre, caractérisent ce modèle atypique tant du côté des expériences de transition postsocialistes est-européennes et russe, que de celles des développements asiatiques (Japon, Corée du Sud, Taiwan et Singapour).

La Chine est ainsi passée d'une économie totalement exsangue (conséquences du Grand Bond en avant et de la Révolution culturelle) et administrée (séquelle du modèle soviétique) à une quasi-économie de marché avec une ouverture sur l'extérieur, un développement des forces du marché, un abandon et un démantèlement de la planification impérative, une régulation indirecte par les instruments des politiques monétaire et budgétaire. Le nœud de la question, bien sûr, en comparaison avec les autres expériences de transition postsocialiste, c'est la dimension politique. La Chine a réussi là où les réformateurs soviétiques ont échoué à maintenir l'essence du pouvoir du Parti communiste sur la société, y compris face à de fortes contestations (Tian'anmen). La Chine montre donc qu'il est possible d'aller vers une économie de marché de manière plus ou moins heurtée sans toucher à l'essence du système politique d'inspiration marxiste-léniniste.

La trajectoire chinoise s'est écartée des expériences de modernisation des économies asiatiques, telles que le Japon et la Corée du Sud, tout du moins dans une première phase. Les conditions initiales étaient différentes : niveau de pauvreté, stagnation économique, effets durables des bouleversements maoïstes, ressources limitées en capital et en technologie. Les réformes initiées dès la fin des années 1970 étaient orientées à la fois vers l'intérieur et l'extérieur de la Chine. À l'intérieur tout d'abord, en démantelant l'organisation socialiste dans les campagnes, en libéralisant les échanges internes dans un nombre croissant de domaines, en abaissant fortement les barrières à l'entrée dans de nombreux secteurs tout en continuant de soutenir les grandes entreprises publiques piliers du système (à la fois sa base politique et sociale) qui bénéficient de financements adéquats et qui sont présentes dans les secteurs traditionnels (métallurgie, industries lourdes, construction d'infrastructures). Très rapidement toutefois, le secteur non public a tiré la croissance et a contribué de manière décisive à la création de la richesse. Plus des trois quarts du PIB chinois sont aujourd'hui créés par les entreprises qui le composent. On y trouve des entreprises étrangères, des firmes privées cotées ou non, notamment « autogérées » (Huawei), des PME, des petites entreprises familiales.

À l'extérieur ensuite, en développant les avantages comparatifs nés principalement d'une abondance de capital humain peu onéreux. L'ouverture vers l'extérieur a eu deux conséquences : accueil des investissements directs étrangers dans des secteurs jugés prioritaires *via* la création d'entreprises conjointes à capitaux mixtes – ou totalement détenues par des entrepreneurs étrangers dans certains secteurs – en vue de favoriser le rattrapage technologique (électronique, secteur automobile) avec un fort impact en termes de diffusion et d'essaimage dans le tissu industriel sans parfois beaucoup d'égards pour la propriété intellectuelle (ouverture du marché intérieur contre l'accès aux technologies). Cette ouverture a été, au départ, circonscrite aux zones économiques spéciales, des entités établies le long des côtes pour expérimenter, à petite échelle et en vase clos, l'économie de marché dans des espaces où le contrôle de l'État était fortement assoupli en matière de liberté d'entreprendre, de fiscalité, d'accès aux marchés extérieurs, d'emploi de la main-d'œuvre. Le succès a encouragé les responsables politiques à étendre ces expériences à des secteurs de plus en plus nombreux et ensuite à les généraliser sur l'ensemble du territoire.

Cette stratégie a fortement modifié le flux et la structure des échanges. En moins de quatre décennies, la Chine est devenue la seconde économie mondiale ; elle pourrait dépasser les États-Unis dans les prochaines années, mais son PIB par tête en parité de pouvoir d'achat (autour de 16 000 dollars en moyenne – 6 900 dollars dans les campagnes – contre plus de 63 800 dollars aux États-Unis[1]) montre l'écart qui subsiste encore et qui prendra encore longtemps pour être comblé. Aujourd'hui, la Chine est devenue le premier producteur d'automobiles ; elle est en passe d'acquérir des positions dominantes en termes de parts de marché dans le secteur de l'électronique et des télécommunications. Les firmes chinoises partent l'assaut du marché mondial à la fois pour acquérir des ressources (matières premières, technologies) et pour conquérir de nouveaux marchés. D'atelier du monde (production et exportation massive de produits à faible valeur ajoutée), la Chine entend devenir aussi le bureau et le financier du monde d'autant qu'elle est désormais en mesure de contrôler et d'acquérir des firmes stratégiques dans les grandes économies de marché développées ainsi que les matières premières des économies du Sud.

Vers une sinisation de la mondialisation ?

L'internationalisation des firmes chinoises et le développement de leur implantation dans différents continents se sont considérablement accrus au cours des deux dernières décennies comme le manifestent leurs investissements directs à l'étranger (IDE) dont le stock atteignait fin 2019 deux mille milliards de dollars, soit 6 % du stock mondial d'IDE (CNUCED, 2021).

L'internationalisation des firmes chinoises par l'acquisition de firmes ou, moindrement, par des investissements nouveaux (*greenfield*) dont les motivations restent très classiques (Richet, 2014), a été fortement soutenue par le gouvernement chinois qui adopta à la fin des années 1990 une stratégie qui entendait pousser les entreprises chinoises à s'internationaliser (*zouchuqu*) afin de rechercher des marchés, d'accéder aux ressources, aux technologies, mais aussi afin de gagner en compétences et en efficience organisationnelle. Puis, en 2013, Xi Jinping lança l'idée des nouvelles routes de la soie dans des discours prononcés à Astana puis à Jakarta. Par la suite, l'idée a été formalisée

1 Voir la base de données en ligne du PNUD à http://hdr.undp.org/ composite/HDI, et celle du Bureau national des statistiques à http://www. stats.gov.cn/tjsj/ndsj/2020/indexch.htm.

sous l'acronyme anglophone d'OBOR (*one belt, one road* pour *yi dai yi lu* en chinois), puis sous celui de BRI (*Belt and Road Initiative* pour *yi dai yi lu changyi* en chinois).

C'est un projet ambitieux par le périmètre couvert, les moyens mobilisés, les partenaires associés, les conditions de sa réalisation, les investissements nécessaires et le niveau des risques encourus (Nedopil-Wang, 2020 ; Fenet, 2020). Ce projet s'inscrit dans le cadre de la montée en puissance de l'économie chinoise qui est aujourd'hui l'un des principaux moteurs de la croissance asiatique et mondiale. Certains auteurs y voient un recentrage et la sinisation de la mondialisation (Hillman, 2020 ; Goldman, 2020), une contestation de l'ordre international issu de la Seconde Guerre mondiale (Allison, 2018), d'autres y voient une nouvelle forme d'impérialisme (Bello, 2019 ; Brunet et Guichard, 2011).

Outre le moyen d'assurer des débouchés à ses surcapacités industrielles, le projet des nouvelles routes de la soie est aussi la façon de perpétuer le modèle de croissance tirée par les exportations, tout en délocalisant dans des pays proches (Vietnam, Cambodge, Laos, Myanmar) ou plus lointains (Éthiopie, Égypte…) des entreprises à production intensive en travail dont les coûts de production s'élèvent notamment dans les provinces côtières, partant de se rapprocher des marchés à forte demande dans les régions développées. Le projet a aussi une dimension nationale ; il cherche à associer les provinces moins développées de l'ouest de la Chine, en créant des *hubs* régionaux, de futurs relais de croissance à partir desquels les nouvelles routes terrestres partiront à la conquête des nouveaux marchés en direction de l'Europe via l'Asie centrale.

Le projet des nouvelles routes de la soie se trouve aujourd'hui confronté aux effets de la démondialisation/remondialisation en cours liée aux tensions apparues entre les États-Unis et la Chine (et dans une moindre mesure avec l'Union européenne) et aux effets de l'épidémie de la Covid-19. Les chaînes internationales de valeur sont remises en cause, l'accès aux produits stratégiques est rendu plus difficile avec l'application de mesures de filtrage concernant l'investissement direct.

À ce jour, le changement d'administration aux États-Unis n'a pas atténué les tensions entre les deux pays. Les États-Unis cherchent toujours à contrecarrer par différents moyens l'accès des firmes chinoises aux technologies sensibles. La Chine, de son côté, se réfère à un nouveau concept, celui de

« double circulation » (*shuang xunhuan*) qui implique, selon ses concepteurs, de tirer avantage, d'un côté, de l'ouverture (accès aux marchés, aux ressources, notamment stratégiques), de développer et promouvoir le grand marché intérieur chinois, de l'autre, de mettre l'accent à la fois sur un mode de croissance infusée par la demande et par le rattrapage technologique avec l'augmentation des budgets alloués à la recherche-développement.

Avec l'Europe, la Chine a négocié récemment un Accord général sur l'investissement qui devait être adopté par le parlement européen et les gouvernements de l'Union européenne, mais qui serait aujourd'hui mort-né tant il a soulevé de réticences à la suite des mesures liberticides appliquées par la Chine à l'encontre de la population ouïgoure de la province du Xinjiang et des habitants de Hong Kong. Pour la Chine l'enjeu est double : d'une part, montrer aux États-Unis qu'elle peut coopérer avec son principal allié, d'autre part, maintenir l'accès aux marchés européens dans un certain nombre de secteurs importants pour ses entreprises sans faire trop de concessions aux firmes européennes qui opèrent en Chine. Parallèlement, le filtrage des investissements chinois, en Europe et dans les grandes économies de marché ne devrait pas favoriser la croissance des investissements directs chinois qui sont déjà en baisse depuis ces dernières années.

Les tensions qui existent entre les économies de marché développées et la Chine ne peuvent qu'impacter le projet des nouvelles routes de la soie. Les récentes discussions relatives à l'adoption du 14e plan quinquennal (un exercice de prospective économique) lient leur avenir aux objectifs du plan en mettant l'accent sur son articulation avec les objectifs nationaux en rappelant les principales finalités de ce projet. De surcroît, depuis le second sommet des routes de la soie qui s'est tenu en mai 2020 en Chine, l'accent a été mis sur le contrôle des projets, la viabilité et faisabilité des projets, leur dimension environnementale.

La Chine en Méditerranée

Déterminer quels pays doivent être considérés comme faisant économiquement partie de la Méditerranée et à ce titre comme partenaires de la Chine dans une confrontation Chine-Méditerranée ne fut pas chose aisée.

Quelle Méditerranée ?

Nous avons rejeté la vision politique du processus de Barcelone de 1995 (27 pays membres de l'Union européenne[2] et douze pays de la rive sud) ou celle de l'Union pour la Méditerranée qui lui succéda en 2008, car toutes deux incluaient des pays du nord de l'Europe fort éloignés de la Méditerranée. L'éloignement géoéconomique de certains pays est aussi la raison pour laquelle nous n'avons pas retenu la définition, par exemple, du *Torino World Affairs Institute* pour son projet ChinaMED qui inclut l'Arabie saoudite, l'Iran, le Qatar… Pour la même raison, nous n'avons pas retenu la Mauritanie qui, contrairement aux quatre autres pays de l'Union du Maghreb arabe (Algérie, Libye, Maroc et Tunisie), ne dispose pas d'accès à la Méditerranée. Inversement, il nous semblait indispensable d'inclure tous les pays du sud de l'Europe, généralement exclus des analyses, car non-membres de l'Union européenne.

Nous avons donc pensé ne retenir que les pays exclusivement riverains de la Méditerranée, mais il est apparu que cette définition pouvait être trop restrictive. Les questions qui se posent ici sont toutes directement ou indirectement symbolisées par la création de plates-formes de transbordement (*hub*) en priorité vers les pays de l'Union européenne, et accessoirement vers ceux de l'Europe du Sud et du Proche-Orient. En ce sens, il convenait d'inclure des pays comme la Bulgarie, la Roumanie, ou encore le Portugal…

Le Sahara occidental, réputé « territoire non autonome » par l'ONU, est ici confondu dans le territoire marocain faute d'une autonomie économique statistiquement observable, et ce sans compter que Donald Trump a reconnu, le 10 décembre 2020, la souveraineté du Maroc sur le Sahara. La question s'est aussi posée pour le Kosovo qui n'est pas reconnu par l'ONU ni par la Chine, la Russie ainsi que plusieurs pays membres de l'UE (Chypre, Espagne, Grèce, Slovaquie, Roumanie) et que nous confondons le plus souvent ici avec la Serbie pour la même raison de statistiques économiques. La Chine a une attitude différente à l'égard de ces deux entités. Profondément opposée à toute forme de sécession (question de cohérence avec son attitude à l'égard de Taiwan), la Chine ne reconnaît pas la République du Kosovo et exhorte les deux parties au dialogue. Son attitude à l'égard du Sahara occidental s'explique par

2 Depuis le départ du Royaume-Uni le 1er janvier 2021.

son soutien dès les années 1950 aux mouvements de libération anticoloniaux (en l'occurrence le Front Polisario) et ses rapports privilégiés avec l'Algérie. Aujourd'hui que ses intérêts économiques avec le Maroc priment sur ses relations politiques avec l'Algérie, la Chine a clairement pris ses distances avec le Front Polisario (Zhou, 2018 ; Al Mouahidi, 2020). La situation est différente pour l'État de Palestine puisqu'il s'agit d'un État souverain *de jure* reconnu comme État observateur non membre de l'ONU. Toutefois, le soutien politique de la Chine est, comme pour le Sahara occidental, conditionné par les relations économiques qu'elle entretient avec Israël.

Par ailleurs, nous n'avons pas retenu plusieurs pays (Andorre, Monaco, Saint-Marin, Vatican) ni la Moldavie parce que leur implication et leur poids dans les relations entre la Chine et la Méditerranée sont trop insignifiants et/ou parce que les données statistiques relatives à leurs relations économiques avec la Chine sont trop incertaines, voire indisponibles.

Les 26 pays méditerranéens

Figure 1. – Les 26 entités économiques méditerranéennes retenues

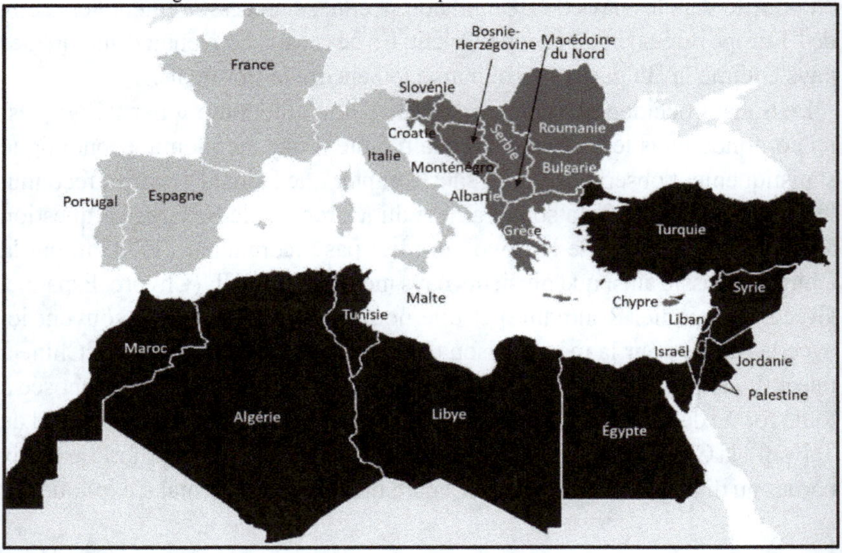

Nous avons ainsi sélectionné 26 entités économiques plus ou moins méditerranéennes (les « 26Med » dont la liste apparaît sur la carte de la figure 1) qui ont été classées en trois catégories. Nous distinguerons d'abord les pays du MENAT (*Middle East, North Africa and Turkey*) riverains de la Méditerranée. Un second groupe sera celui des pays du sud de l'Europe, qu'ils soient membres de l'Union européenne ou qu'ils en postulent leur adhésion, ce sont donc des pays des Balkans auxquels nous ajouterons la Grèce, nous parlerons alors des pays de l'Europe du Sud-Est (PESE). Une dernière catégorie sera celle de trois des pays de l'Union européenne ayant le PIB le plus important (France, Italie et Espagne) auxquels seront rattachés Malte (hub maritime important) et le Portugal, nous parlerons des pays de l'Europe du Sud-Ouest (PESO).

Que représentent ces 26Med et quel est leur poids économique ? En 2019, ils réunissaient 7,3 % de la population mondiale et généraient 10,3 % du PIB mondial, soit un PIB comparable au chinois (12,0 %), mais pour une population du tiers de la chinoise et ayant un niveau de vie moyen plus d'une fois et demie supérieure à celui de la population chinoise. Toutefois, les disparités entre les 26Med peuvent être considérables. Trois pays (la France, l'Italie et l'Espagne) assurent seuls plus des deux tiers du PIB des 26Med ; cette proportion s'élève aux trois quarts en ajoutant la Turquie et à plus des neuf dixièmes en ajoutant Israël, l'Égypte, la Roumanie, le Portugal et la Grèce. De même, l'indicateur de développement humain révèle des contrastes importants. Le Programme des Nations-Unies pour le développement (PNUD) classe quatre de ces pays parmi ceux ayant un « très haut niveau » de développement humain, quatorze pays ayant un « haut niveau » (catégorie dans laquelle vient juste de se ranger la Chine) et huit pays ayant un « niveau moyen » (voir tableau 1).

La situation de ces pays à l'égard de la Chine est à vue d'œil également très disparate. C'est le cas de l'Algérie, de la Libye, et de l'Égypte très dépendantes de la Chine puisque la part de leurs importations de produits chinois occupe une place considérable dans le total de leurs importations (respectivement 18,3 %, 15,9 % et 15,2 %). C'est également le cas, mais secondairement d'Israël, de la Syrie et du Maroc (respectivement 11,1 %, 11,0 % et 10,1 %). Inversement, en Méditerranée, la Chine serait dépendante de l'Italie, de la France, de l'Espagne et, dans une moindre mesure, de la Turquie qui réceptionnent près des deux tiers des exportations chinoises dans la région (respectivement 18,9 %, 18,7 %, 15,2 % et 9,8 %).

Tableau 1. – Caractéristiques des 26 pays méditerranéens

Pays	PIB en millions de dollars	PIB par habitant en dollars	Population en milliers	Indicateur de développement humain IDH	IDH catégories	Importations de Chine dans le total des 26Med	Importations de Chine dans le total du pays
Albanie	15 343	5 326	2 881	0,795	**	0,3%	9,3%
Algérie	174 316	4 049	43 053	0,748	*	3,9%	18,3%
Bosnie-Herzégovine	19 358	5 864	3 301	0,780	**	0,1%	4,0%
Bulgarie	66 919	9 560	7 000	0,816	**	0,9%	4,5%
Chypre	24 502	27 815	881	0,887	**	0,3%	5,0%
Croatie	59 987	14 524	4 130	0,851	**	0,8%	2,9%
Égypte	319 056	3 178	100 388	0,707	*	6,9%	15,2%
Espagne	1 381 685	29 563	46 737	0,904	***	15,2%	8,7%
France	2 705 603	40 148	67 390	0,901	***	18,7%	5,4%
Grèce	211 182	20 164	10 473	0,888	**	4,4%	7,3%
Israël	389 636	45 735	8 519	0,919	***	5,4%	11,1%
Italie	1 994 390	32 938	60 550	0,892	**	18,9%	7,5%
Liban	55 839	8 145	6 856	0,744	*	0,9%	9,1%
Libye	38 424	5 669	6 777	0,724	*	1,4%	15,9%
Macédoine du Nord	12 496	5 998	2 083	0,774	**	0,1%	5,8%
Malte	14 632	33 226	440	0,895	**	0,7%	4,5%
Maroc	118 405	3 246	36 472	0,686	*	2,3%	10,1%
Monténégro	5 429	8 645	628	0,829	**	0,1%	8,5%
Palestine	16 784	3 369	4 981	0,708	*	0,0%	4,7%
Portugal	233 976	22 880	10 226	0,864	**	2,4%	3,7%
Roumanie	240 816	12 436	19 365	0,828	**	2,6%	5,3%
Serbie	59 116	6 739	8 772	0,806	**	0,6%	9,4%
Slovénie	53 327	25 654	2 079	0,917	***	1,9%	5,3%
Syrie	19 445	1 139	17 070	0,567	*	0,7%	11,0%
Tunisie	38 788	3 317	11 695	0,740	*	0,8%	9,5%
Turquie	762 617	9 141	83 430	0,820	**	9,8%	9,1%

Notes :*** : très haut niveau de développement ; ** : haut niveau de développement ;
* : niveau moyen de développement (selon l'IDH).

Sources : Bases de données en ligne de la CNUCED à https://unctadstat.unctad.org/ et du PNUD à http://hdr.undp.org/en/data.

Les premières disparités que nous venons de noter nous suggèrent clairement que la Méditerranée n'est pas un ensemble homogène que pourrait viser une stratégie chinoise indifférenciée et monolithique. Au contraire, elles préfigurent une variété de situations qui vont déterminer et structurer les relations bilatérales du gouvernement chinois et des multiples acteurs économiques chinois avec chacun des pays de la région, partant interdisent toute essentialisation de la Chine. Les asymétries propres à la Chine renforcent également cette interdiction.

Asymétries sino-méditerranéennes

Les 26Med sont tous concernés par la stratégie des nouvelles routes de la soie. En vérité, cette stratégie se résume plus en un slogan (« sortir » *zouchuqu*, c'est-à-dire *s'internationaliser*) qu'en un vaste plan d'ensemble méticuleusement élaboré qui s'imposerait *de jure* à un ensemble d'acteurs. L'autorité d'un tel plan, s'il existait, serait restreinte *de facto* par la multiplicité des acteurs ainsi que par les limitations du système. Trois administrations supervisent les projets rattachés aux « nouvelles routes de la soie » : le ministère du Commerce (MOFCOM selon son acronyme anglais pour Ministry of Commerce), le ministère des Affaires étrangères (MOFA pour Ministry of Foreign Affairs) et, *primus inter pares*, la Commission nationale pour le développement et la réforme (NDRC pour National Development and Reform Commission). Même si en théorie la NRDC pourrait bloquer tout projet, de fait, le manque de personnel adéquat, la bureaucratie, les querelles internes lui interdisent d'exercer pleinement son autorité. L'antagonisme entre le MOFA, recherchant une rentabilité politique et le MOFCOM privilégiant une rentabilité économique est également bien connu. L'ExIm Bank de Chine et la China Development Bank sont elles aussi en manque d'informations pour évaluer les projets et de personnel à l'étranger pour s'informer ; elles doivent donc recourir aux employés du MOFA et du MOFCOM en poste à l'étranger – si ce n'est à ceux des entreprises impliquées dans les projets. La compétition pour le pouvoir entre ces différents acteurs et d'autres encore nourrit des stratégies distinctives et des pratiques qui ne sont pas sans rappeler les « stratagèmes des Royaumes combattants »[3].

Il convient encore d'ajouter qu'à ces logiques internes et systémiques viennent se greffer des logiques externes. Ainsi, par exemple, la China Development Bank fait appel au marché obligataire pour se refinancer ; en d'autres termes, elle ne peut y parvenir que si les intérêts des bailleurs obligataires – qui ne sont pas obligatoirement ceux du gouvernement chinois – sont servis effectivement par la stratégie de cette *policy bank* chinoise.

Outre ces asymétries et ces idiosyncrasies, s'ajoutent celles propres aux 26 pays méditerranéens retenus qui ont chacun leur propre histoire et conjoncture politiques, économiques et sociales.

Nous employons ici le concept de Méditerranée pour définir tant un espace politique qu'économique et avons désigné 26 pays représentatifs pour décrire dans cet ouvrage les relations complexes que la Chine entretient avec cette ré-

3 Allusion à l'ouvrage éponyme, *Zhanguoce*, de la Chine antique compilant des récits rapportant des stratagèmes (persuasion, intrigues, complots…) employés à l'époque des Royaumes combattants (481-221 av. J.-C.) pour accéder au pouvoir ou consolider son pouvoir.

gion. Toutefois, les acteurs chinois (diplomates, entrepreneurs…) ne perçoivent pas cette région dans sa centralité historique et civilisationnelle comme le font les riverains de la Méditerranée. En consultant la base chinoise de données bibliographiques du CNKI[4], nous relevons 7 196 articles comportant dans leur titre une mention à la mer Méditerranée, 4 425 (62 %) font de fait référence à une thalassémie appelée « l'anémie méditerranéenne » (*dizhonghai pinxue*) qui affecte une trentaine de millions d'individus en Chine du Sud, soit environ 20 % de la population locale. Puis viennent d'indénombrables articles sur le style de vie, la diète et les paysages méditerranéens.

Ce phénomène est l'expression d'une perception orientée qui affecte toutes les administrations chinoises et de manière caricaturale le Département de liaison avec l'étranger du Comité central du PCC qui confie à son 7e Bureau la responsabilité des pays de l'Europe du Nord y compris Malte[5]. Le MOFCOM, plus classiquement, range les pays du MENA dans la catégorie des pays d'« Asie orientale et d'Afrique », la Turquie dans celle des pays d'« Asie » et les autres pays que nous avons sélectionnés parmi les pays européens[6]. Devant la multiplicité des approches administratives chinoises et leur mutisme quant à la Méditerranée, il est difficile de considérer qu'il existerait une stratégie méditerranéenne de la Chine qui pourrait s'opposer au processus de Barcelone et à ses avatars ultérieurs. Il y a bien plutôt des mécanismes de coopération *ad hoc* impliquant soit des pays africains à travers le Forum sur la coopération sino-africaine (FOCAC, Forum on China-Africa Cooperation), soit des pays arabes à travers le Forum sur la coopération sino-arabe (CASCF, China-Arab States Cooperation Forum), soit encore des pays du sud de l'Europe participant au mécanisme de coopération avec la Chine initié entre 2003 et 2005 avec l'Italie, l'Espagne, le Portugal et la Grèce auxquels se sont joint, en 2015 Malte et Chypre dans le cadre du Forum pour la coopération maritime des pays du sud de l'Europe (FMCCSEC, Forum on Marine Cooperation between China and South European Countries). Clairement, l'intérêt de la Chine pour les pays riverains de la Méditerranée s'explique par la volonté chinoise de

4 Le China National Knowledge Infrastructure (CNKI) est le plus important agrégateur et dispensateur chinois de ressources scientifiques numérisées avec un accès en ligne à plus de dix mille revues scientifiques chinoises et plus de soixante-trois millions d'articles : https://www.cnki.net/

5 Voir sur le site du département à https://www.idcpc.org.cn/zlbjj/jgsz/

6 Voir sur le site du MOFCOM à http://fec.mofcom.gov.cn/article/gbdqzn/

développer la route maritime de la soie et d'instaurer une coopération dans les différents ports méditerranéens.

C'est dans le cadre d'une Méditerranée essentielle pour les uns et anecdotique pour l'autre que nous allons évaluer les présences économiques chinoises. Aussi, nous ne traiterons pas spécifiquement des perspectives politiques de ces présences, mais nous en aborderons les dimensions géopolitiques et géoculturelles quand celles-ci s'imposeront pour expliciter certains aspects économiques.

Les présences économiques chinoises dans les pays de l'Europe du Sud-Ouest sont très largement traitées dans la littérature très abondante sur l'Union européenne et la Chine que produisent tant la recherche universitaire (Richet, 2019a) que celle des cabinets de conseil et autres *think tanks* européens ou américains (MERICS, 2021). C'est pourquoi, dans ce livre, nous nous focaliserons davantage sur les pays d'Europe du Sud-Est et ceux du MENAT. Dans les pages qui suivent, nous établirons successivement le bilan des relations économiques sino-méditerranéennes puis exposerons les ambitions maritimes de la Chine avant de présenter deux aperçus plus spécifiquement régionaux.

• • • Chapitre I — Les relations économiques sino-méditerranéennes

Dans les sections suivantes, nous commencerons par évoquer la question des investissements directs étrangers (IDE) chinois pour constater une confusion, constat qui nous amènera à aborder la question des prestations de services chinoises et plus largement celle des importations de marchandises chinoises par comparaison aux exportations de marchandises méditerranéennes vers la Chine.

Dans les statistiques de ce chapitre, nous ferons régulièrement référence à l'année 2003 qui est une année particulièrement importante dans l'histoire économique chinoise récente. C'est cette année-là – deux ans après l'entrée de la Chine à l'OMC – que voit le jour une réforme institutionnelle majeure comme la création d'un ministère du Commerce regroupant les anciens ministères du Commerce intérieur et du Commerce extérieur afin de mieux soutenir l'internationalisation des entreprises chinoises. C'est aussi l'année de l'instauration de la SASAC[7] qui est chargée du contrôle et de la gestion des actifs d'État ainsi que de créer des champions chinois s'imposant parmi les plus importantes entreprises recensées au sein des *Fortune Global 500*. C'est encore l'année à partir de laquelle seront systématiquement recensés les investissements directs chinois à l'étranger selon une définition qui reprend celle des grandes instances internationales comme la CNUCED ou l'OCDE. C'est donc l'année où la politique d'internationalisation (*zouchuqu*) des entreprises chinoises devient cardinale dans la stratégie de développement chinois. Elle

7 Acronyme anglais de State-Owned Assets Supervision and Administration Commission soit le Comité chargé du contrôle et de la gestion des actifs d'État.

anticipe clairement l'inflexion que lui donne Xi Jinping en 2013 en lançant la stratégie des nouvelles routes de la soie.

Les investissements directs

Il n'est pas aisé d'évaluer le montant des investissements directs à l'étranger (IDE) des entreprises chinoises. Le MOFCOM publie depuis 2003 des statistiques annuelles par pays destinataires dont la fiabilité n'est sans doute pas pire que celles des services statistiques internationaux. Ce qui pose problème est sans doute leur couverture exacte (voir figure 2).

Figure 2. – Flux d'IDE chinois comparés (2003-2019)

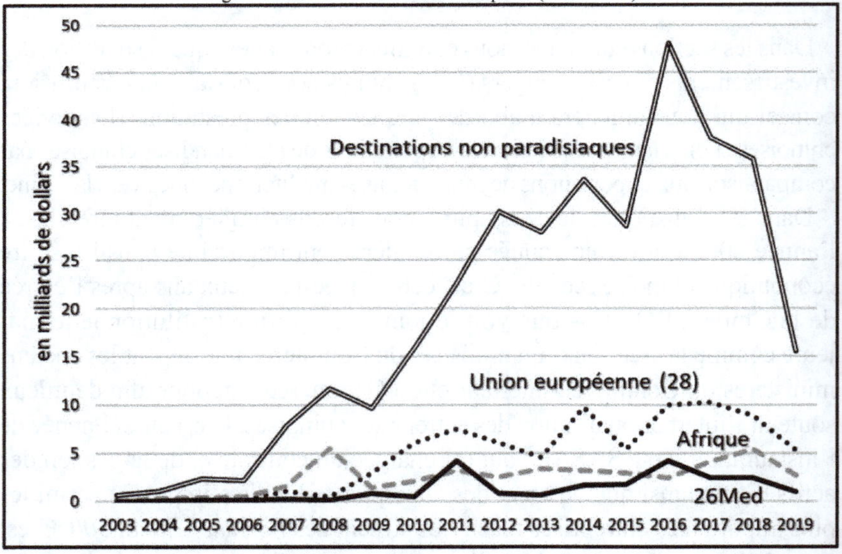

Sources : Calculs des auteurs à partir des communiqués du MOFCOM disponibles à http://fec.mofcom.gov.cn/article/tjsj/tjgb/

Les chiffres chinois indiquent que 80 % à 85 % des stocks d'IDE chinois auraient été constitués dans des paradis bancaires, fiscaux et judiciaires[8] (par

8 Ces trois notions peuvent se recouvrir. Des pays dont les réglementations bancaire et/ou fiscale sont particulièrement avantageuses, peuvent aussi disposer d'une réglementation notamment pénale

la suite, les paradis) au premier rang desquels Hong Kong qui en accaparerait 70 %. Les entreprises hongkongaises à leur tour auraient, selon les statistiques de Hong Kong, investi 45 % de leur stock d'IDE en Chine continentale, 44 % dans ces mêmes paradis et 11 % dans les autres pays (Pairault, 2020). Autrement dit, les données dont nous disposons ne nous éclairent aucunement sur les montants exacts, mais nous avertissent des tendances générales.

En 2019, le stock d'IDE chinois constitué au sein des 26Med représenterait un peu moins de 1 % des IDE chinois dans le monde (paradis compris) et près de 7 % si nous excluons les paradis (sans doute, aurions-nous dû exclure Chypre qui offre des échappatoires fiscales à des oligarques russes certes, mais sans doute plus limitées à des entreprises chinoises) (voir figure 3).

Figure 3. – Stock d'IDE chinois dans les 26Med

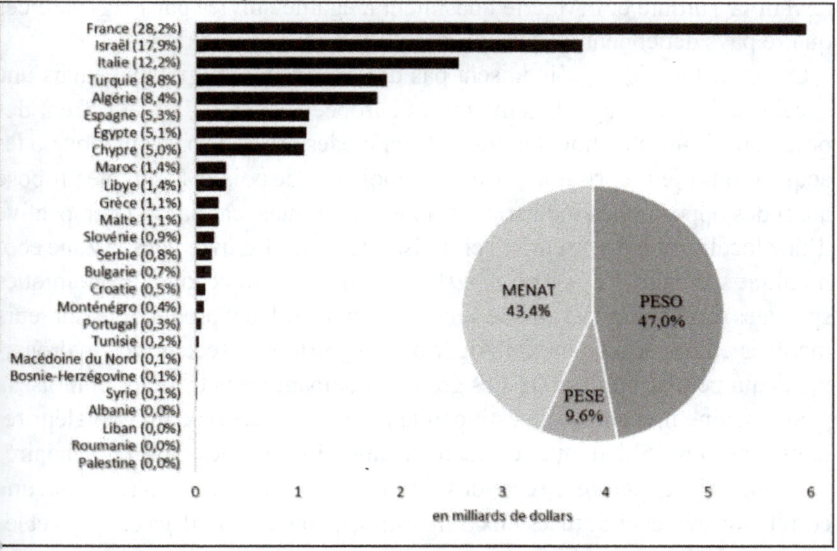

Notes : MENAT : pays du MENA plus Turquie ; PESO : pays européens du Sud-Ouest ; PESE : pays européens du Sud-Est.
Sources : Calculs des auteurs à partir des communiqués du MOFCOM disponibles à http://fec.mofcom.gov.cn/article/tjsj/tjgb/

À titre de comparaison, en 2019 et hors paradis, les entreprises chinoises ont investi 31 % de leur stock d'IDE en Asie, 17 % dans l'Union européenne

ermettant d'échapper aux lois communément admises dans la plupart des autres pays.

pré-Brexit, 14 % en Afrique ainsi qu'en Océanie. En d'autres termes, l'importance de la région méditerranéenne pour les IDE chinois est très limitée en dépit de la part prise par certains pays comme la France, Israël ou l'Italie. Les deux premiers pays à eux seuls bénéficient de la moitié (46,1 %) du stock d'IDE chinois de la région, si nous leur ajoutons l'Italie et la Turquie, ce sont alors plus des deux tiers (67,1 %) du stock d'IDE chinois. Si nous y ajoutons encore l'Algérie, ce sont les trois quarts (75,5 %).

La prédominance des pays de l'Union européenne ou y postulant (56,6 % du stock d'IDE chinois) ne s'explique pas par leur nombre, mais par l'importance de trois acteurs (France, Italie, Espagne) qui en cumulent plus de 80 % tandis que le solde va aux autres pays de l'Union qu'ils soient du Sud-Ouest ou du Sud-Est. Parmi les pays du MENAT (43,4 %), Israël domine nettement devant la Turquie et l'Algérie quasiment à égalité suivies par l'Égypte ; ces quatre pays détiennent 92,8 % du stock d'IDE de leur région.

Ces caractéristiques n'induisent pas des préférences régionales, mais une spécialisation des pays. Les trois pays européens ainsi qu'Israël offrent des occasions d'investissement industriel comme les prises de participation ou les acquisitions d'entreprises ayant des technologies de pointe. L'Égypte propose aussi des opportunités industrielles, mais différentes, car dans la perspective d'une localisation d'entreprises chinoises de main-d'œuvre dans la zone économique spéciale TEDA (voir *infra* la section relative aux zones économiques spéciales du chapitre IV) afin de vendre moins cher leurs productions sur leurs marchés européens. Quant à l'Algérie, c'est surtout le secteur des hydrocarbures qui peut attirer les IDE des grandes compagnies pétrolières chinoises.

Si la Chine finalement investit peu tant en valeur absolue qu'en valeur relative dans les 26Med, que représente néanmoins pour les pays bénéficiaires cet apport ? La lecture directe des données disponibles ne suggère aucune corrélation évidente entre les flux d'investissements chinois dans ces pays et les autres caractéristiques d'investissement dans ces différents pays. Aussi avons nous entrepris une analyse en composantes principales (ACP) que résume la figure 4. Ni Chypre ni Malte n'ont été prises en compte dans les données de l'ACP ni *a fortiori* n'apparaissent dans la figure 4, car les deux îles se trouvent dans une situation très particulière statistiquement perturbante due à leur rôle actuel (Chypre) ou récent (Malte) comme paradis bancaire.

Figure 4. – Les 26Med et les IDE chinois (2003-2019)

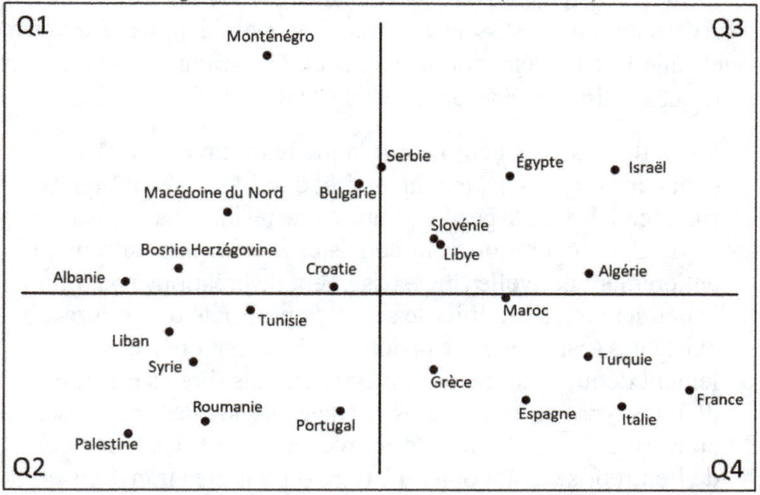

Sources : Calculs des auteurs à partir des communiqués du MOFCOM disponibles à http://fec.mofcom.gov.cn/article/tjsj/tjgb/
et la base de données en ligne de la CNUCED à https://unctadstat.unctad.org.

Les deux premiers axes définis par l'ACP et repris dans la figure 4 expliquent et résument 80 % des informations. Le quadrant Q1 regroupe un certain nombre de pays pour lesquels l'investissement direct étranger (chinois ou non) joue un rôle considérable dans la formation brute de capital fixe (FBCF) ; leur autre caractéristique est de tous appartenir aux Balkans (donc, la Grèce non comprise). Le quadrant Q2 réunit des pays aussi divers que la Palestine, le Portugal ou la Roumanie qui bénéficient trop peu des IDE et en particulier des IDE chinois pour que ces derniers impactent leur FBCF. Le quadrant Q4 associe des pays qui attirent des IDE en grande quantité (France, Italie, Espagne) ou moindrement (Turquie, Maroc, Grèce), mais dont les IDE chinois n'occupent qu'une faible part dans la FBCF. Enfin, le quadrant Q3 recense des pays pour lesquels les IDE chinois jouent un rôle relativement important tant par leur montant que par leur rôle dans la FBCF. Ces derniers pays ont la particularité d'appartenir au MENAT.

Ces chiffres et ces remarques peuvent sembler aller à l'encontre de ce qui est généralement admis. Il convient donc de rappeler qu'il ne faut pas confondre investissement, financement et prestations de services. Les organismes internationaux – Fonds monétaire international (FMI), Organisation de coopération et de développement économiques (OCDE) et autres – donnent une définition précise de ce qui constitue un investissement direct – par opposition aux investissements en portefeuille. C'est la définition adoptée par la Chine, qui est rappelée dans les communiqués statistiques annuels du MOFCOM sur l'IDE chinois :

> « L'IDE est une activité par laquelle un investisseur résidant dans un pays obtient un intérêt durable et une influence significative dans la gestion d'une entité résidant dans un autre pays. Cette opération peut consister à créer une entreprise entièrement nouvelle (investissement de création9) ou, plus généralement, à modifier le statut de propriété d'entreprises existantes (par le biais de fusions et d'acquisitions). Sont également définis comme des investissements directs étrangers d'autres types de transactions financières entre des entreprises apparentées, notamment le réinvestissement des bénéfices de l'entreprise ayant obtenu l'IDE, ou d'autres transferts en capital ». (OCDE, 2003, p. 193)

Ce n'est donc pas parce que des entreprises chinoises participent à des travaux d'infrastructure qu'elles « investissent en infrastructure » puisqu'elles ne deviennent ni propriétaires, ni même détentrices de droits sur ces infrastructures. Si ces entreprises chinoises n'investissent pas, en revanche elles construisent et éventuellement font financer par l'ExIm Bank de Chine ou la China Development Bank des investissements en infrastructure à la demande des pays étrangers. Ni l'autoroute Est-Ouest, ni la Grande Mosquée d'Alger ne sont des investissements chinois comme l'affirment encore certains auteurs (voir *inter allia* Hamaizia, 2020), mais des investissements algériens. De surcroît, ces opérations (investissements et prestations de services) génèrent des flux financiers inverses : dans le premier cas, il y a un flux initié par une entreprise étrangère qui investit dans un pays hôte, dans le second cas, il y a un flux du pays investisseur vers l'entreprise étrangère (en l'occurrence chinoise) prestataire de service. Cette distinction est importante, car elle va permettre de mieux qualifier les relations économiques entre la Chine et les 26Med.

---

9 Un investissement de création ou encore investissement vierge est un investissement n'ayant pas pour objet l'achat d'actifs existants (on parle alors de fusion-acquisition), mais la création de nouveaux actifs (en anglais *«greenfield» investment) ou l'extension d'actifs existants (en anglais «brownfield» investment).*

Les prestations de services

Ces prestations de services sont ici mesurées par le chiffre d'affaires que réalisent chaque année les entreprises chinoises en exécutant des contrats clés en main pour des projets commandés par des gouvernements étrangers. Le Bureau national des statistiques en publie les montants par pays dans chaque édition annuelle de l'Annuaire statistique de Chine (BNS, 2021).

Le tableau 2 montre la grande asymétrie qui existe entre les trois régions. Le montant cumulé de 2003 à 2019 des chiffres d'affaires réalisés par les entreprises chinoises du BTP dans la construction d'infrastructures dans les pays du MENAT représente près de 81 % du montant total du chiffre d'affaires réalisé dans les 26Med au cours de la même période. Ce résultat est dû à l'Algérie qui y contribue à près de la moitié (47,1 %) en conséquence de la politique de grands travaux qu'elle a entrepris au début des années 2000 – à commencer par le « chantier du siècle » – que symbolisèrent la construction de l'autoroute Est-Ouest (Pairault, 2017a), la Grande Mosquée d'Alger, l'Opéra d'Alger et les nombreux logements sociaux destinés à acheter la paix sociale. Loin derrière l'Algérie arrivent l'Égypte (11,0 %), et la Turquie (8,9 %) ; si nous ajoutons la France – qui arrive en quatrième position (8,4 %) –, ce sont 91,5 % de son chiffre d'affaires dans ce secteur d'activité en Méditerranée que la Chine a réalisé dans ces quatre pays.

Tableau 2. – Montant du chiffre d'affaires réalisé en exécutant des contrats clés en main (2003-2019)

Régions / Pays	Part dans le total général	Part dans le total subrégional
Pays du MENAT	80,6%	–
Pays d'Europe du Sud-Ouest	12,1%	–
Pays d'Europe du Sud-Est	7,3%	–
Total	100,0%	–
Algérie	47,1%	58,4%
Égypte	11,0%	13,6%
Turquie	8,9%	11,1%
France	8,4%	69,1%
Libye	5,2%	6,4%
Total	96,6%	–

Sources : Calculs des auteurs à partir des annuaires statistiques disponibles à http://www.stats.gov.cn/tjsj/ndsj/.

L'Égypte et la Turquie, comme l'Algérie, ont largement eu recours aux entreprises chinoises du BTP pour la construction et la modernisation de leurs infrastructures. La première, a fait appel, entre autres, à la China State Construction Engineering Corp. (CSCEC), une entreprise publique chinoise classée première en 2020 des « Top 250 International Contractors » selon le classement ENR. La CSCEC qui a signé en 2018 pour la construction d'un complexe pétrochimique d'une valeur de six milliards de dollars, a obtenu pour l'Égypte en 2018 un prêt (85 % du montant des travaux évalués à trois milliards de dollars) pour la construction du nouveau centre politique et administratif à 45 kilomètres du Caire qui lui été confié ; elle lui a aussi obtenu, fin décembre 2020, un autre prêt d'un consortium de banques chinoises pour la construction d'une tour géante (*Iconic Tower*) dont elle avait reçu commande.

Le cas de la Turquie est autre puisque ce pays est lui-même un acteur majeur arrivant au deuxième rang du classement ENR derrière les États-Unis par le nombre des entreprises exécutant des contrats internationaux clés en main. Néanmoins, ne maîtrisant pas certaines techniques, elle a confié des projets importants à des entreprises chinoises comme pour la centrale thermique d'Emba (1,7 milliard de dollars) ou pour le complexe de carbonate de soude implanté à Kazan, près d'Ankara (1,1 milliard de dollars) ou encore la future centrale thermique de Çanakkale.

Le cas de la France est autre encore. À la différence de l'Algérie et de l'Égypte, qui sont de simples clientes de la Chine pour la fourniture de projets clefs en main, et de la Turquie, qui est à la fois cliente de la Chine pour ses propres besoins et fournisseuse internationale, la France serait aussi cliente de la Chine, mais pour des projets qu'elle exécute hors de ses frontières pour le compte d'autrui. Nous citerons l'exemple du chantier de la centrale nucléaire de Hinkley Point au Royaume-Uni, mais aussi ceux des EPR Taishan 1 en Chine et Olkiluoto 3 en Finlande. Parmi les autres donneurs d'ordre, il y aurait Orange pour les chantiers que cette société de télécommunications commet à Huawei en Afrique ou encore l'AFD pour les projets qu'elle finance et dont la construction est déléguée à des entreprises chinoises de BTP.

Figure 5. – Les IDE chinois et les prestations de services aux 26Med (2003-2019)

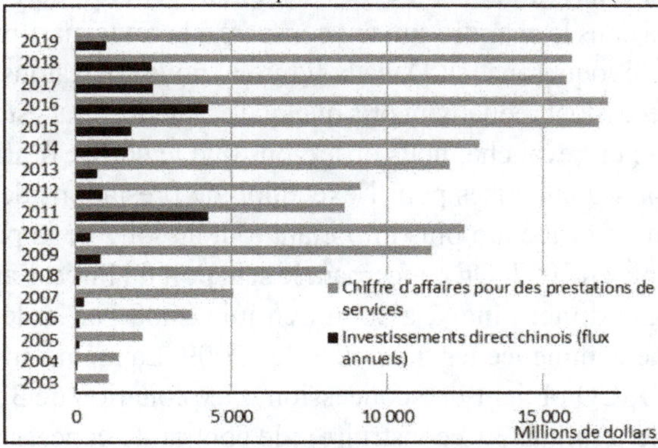

Sources : voir tableau 2 et figure 2.

La figure 5 montre nettement le rôle primordial de 2003 à 2019 des prestations de services chinoises comparées aux IDE chinois dans les pays méditerranéens. Pour ne considérer que l'année 2019, dernière année pour laquelle des statistiques sont disponibles, le montant des sommes à percevoir par la Chine au titre de ses prestations de services aux 26Med a été seize fois supérieur au montant des investissements qu'elle a pu réaliser en Méditerranée. Le cas de la Grèce illustre particulièrement bien les asymétries entre IDE et prestations de services en même temps que la complexité du problème (voir figure 6).

Figure 6. – Grèce : IDE et prestations de services (2003-2019)

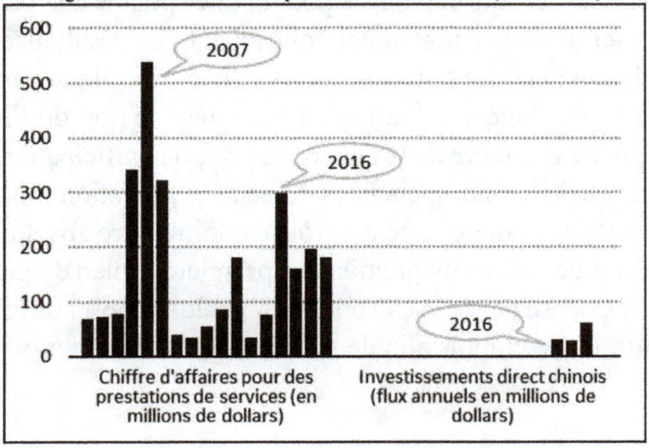

Sources : voir tableau 2 et figure 2.

L'affaire qui a fait grand bruit est évidemment celle du port du Pirée que nous traiterons dans le chapitre suivant consacré à la route maritime de la soie, mais que nous évoquerons ici. Dans la figure 6, nous constatons que les IDE chinois en Grèce n'ont réellement pris quelque ampleur – tout est relatif – qu'à partir de 2016 ; en revanche, nous observons que le chiffre d'affaires réalisé par des entreprises chinoises pour l'exécution de prestations de services est comparativement beaucoup plus important tout au long de la période 2003-2019 avec un pic en 2007. Or, concernant le seul port du Pirée, l'appel d'offres pour les travaux du terminal 2 a abouti en juin 2008 par la désignation de COSCO qui ne commence les travaux qu'en 2009. La même année 2008, en novembre, COSCO obtient une concession d'exploitation de 35 ans pour le terminal 2 et le terminal 3 (à construire) ; le contrat de concession est ratifié fin 2009. Les travaux seront tous achevés début 2015.

Si nous nous reportons à la figure 6 ci-dessus, ces épisodes ne semblent pas avoir marqué de manière significative le montant du chiffre d'affaires des prestataires de services chinois. La nature même du contrat de concession explique grandement cette situation ; les travaux effectués dans ce cadre ne sont pas facturés au concédant, en l'occurrence la Grèce, mais sont supportés par le concessionnaire, COSCO : ce ne sont ni des prestations de services exécutées par une entreprise chinoise à la demande de la Grèce, ni des IDE chinois effectués en Grèce, mais les coûts d'exploitation d'une entreprise chinoise en Grèce.

En 2016, COSCO prend une participation de 51 % dans la Piraeus Port Authority qui est la société qui exploite le port du Pirée pour le compte de la Grèce. Il s'agit bien ici d'un investissement contribuant aux résultats affichés dans la partie droite de la figure 6. Cet investissement n'implique pas pour autant que COSCO ait « acheté » ou partiellement acheté le port du Pirée qui reste la propriété pleine et entière de la Grèce ; la prise de participation de COSCO lui permet de participer aux bénéfices de cette exploitation tout en exerçant un contrôle certain. Toutefois, ce contrôle est loin d'être absolu. En 2019, le gouvernement grec a, dans un premier temps, rejeté le plan d'agrandissement du port du Pirée pensé par COSCO pour finir par lui imposer des financements européens plutôt que chinois afin de mieux en surveiller la mise en œuvre.

Les échanges de marchandises

La Chine ne commercialise pas seulement des services (qui de fait ne se limitent pas aux seules prestations évoquées ci-dessus), mais aussi des marchandises. De 2003 à 2019, le volume global des échanges (importations plus exportations) entre les 26Med et la Chine a plus que quadruplé passant de 57 à 249 milliards de dollars. Toutefois, ce dernier chiffre ne représente que 5,5 % du commerce global de la Chine en 2019 et est à comparer avec les 16,9 % de l'Union européenne (le premier marché chinois) et les 14,5 % de l'Amérique du Nord : malgré un sextuplement de leurs échanges avec la Chine les pays européens du sud-est ne représentent que 9,2 % des échanges des 26Med tandis que la part des pays du MENAT s'élève désormais à 29,3 % après avoir nonuplé dans le même temps leurs échanges. Quant aux pays européens du sud-ouest, ils conservent leur prédominance (61,5 %) après avoir plus que triplé leurs échanges (voir figure 7).

Figure 7. – Évolution du volume des échanges de marchandises en milliards de dollars (2003-2019)

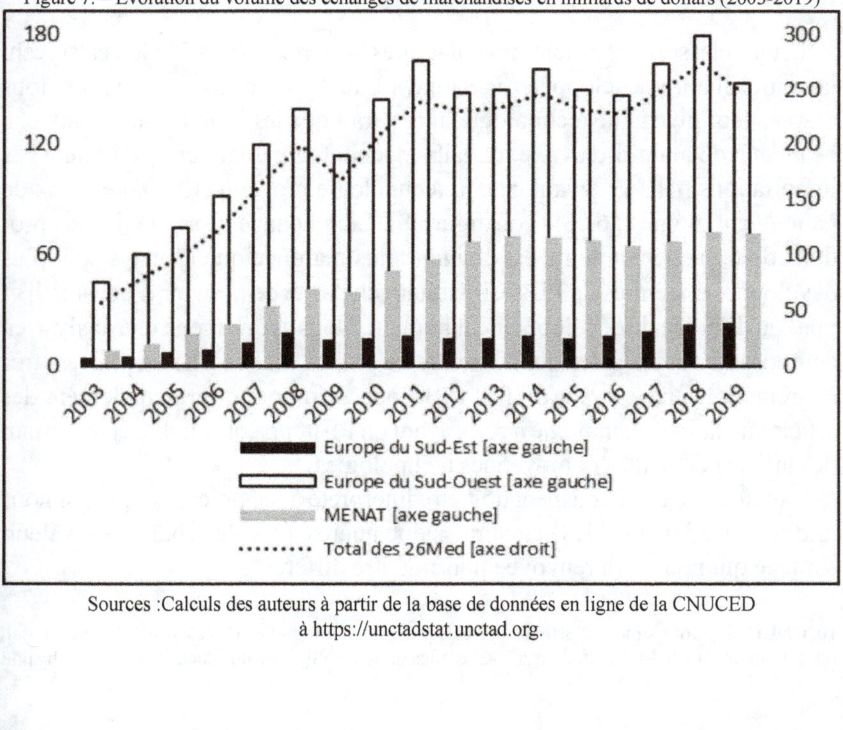

Sources :Calculs des auteurs à partir de la base de données en ligne de la CNUCED à https://unctadstat.unctad.org.

Ce sont encore les mêmes sept pays qui dominent les échanges de la région avec la Chine et qui en assument près de 90 % de la valeur (voir tableau 3). Toutefois, il y a un puissant déséquilibre entre les trois pays de l'Union européenne (65,4 % des échanges) et les quatre pays de la MENAT (20,3 %) qui confirme à nouveau que l'objet de la route maritime de la soie est avant tout le marché des pays de l'Union européenne.

Tableau 3. – Les principaux partenaires

Pays	Part
France	30,6%
Italie	20,7%
Espagne	14,2%
Turquie	9,8%
Israël	4,0%
Égypte	3,3%
Algérie	3,1%
Total	85,7%

Sources : voir figure 7.

Si nous classons les articles manufacturés importés par les 26Med en suivant la nomenclature développée par Sanjaya Lall[10] pour classer les exportations d'après leur niveau de technologie, il apparaît que les articles faisant appel à beaucoup de main-d'œuvre et de faible technologie dominent clairement ces importations (41 %) devant ceux à technologie moyenne (33 %) et ceux de haute technologie (26 %) (voir figure 8). La tendance à privilégier les produits de faible technologie est d'autant plus marquée que les pays sont plus développés en termes de PIB par habitant en parité de pouvoir d'achat (PIB/t ppa) ou d'indice de développement humain. Nous avons mené une analyse en composantes principales qui démontre ce propos ; les résultats opposent très clairement les pays ayant un fort PIB/t ppa et important principalement des articles de faible technologie à ceux ayant un PIB/t ppa plus faible et important des articles de hautes et moyennes technologies.

Toutefois, ce dernier aspect doit être interprété avec précaution, car si nous interrogeons non plus les statistiques douanières, mais les chaînes de valeur, l'image qui nous sera renvoyée pourrait être différente.

10 CNUCED, Groupement d'articles par catégories technologiques [CTCI Rev.3 basée sur Lall (2000)], https://unctadstat.unctad.org/FR/Classifica tions/DimSitcRev3Products_Ldc_Hierarchy.pdf.

Figure 8. – Importations d'articles manufacturés selon le type de technologie (2019)

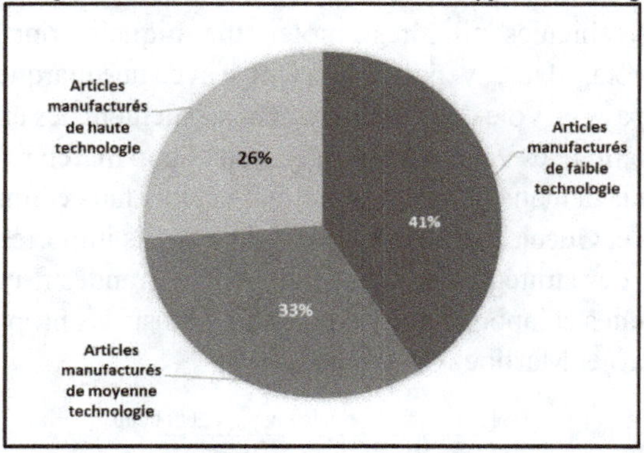

Sources : voir figure 7 et Classification Lall des techniques10.

Si les ordinateurs ASUS, Acer, HP, Dell…, les smartphones iPhone, Samsung… sont bien des articles de haute technologie assemblés en Chine, en revanche tous ont été conçus ailleurs par des entreprises non chinoises y compris des taïwanaises (voir la figure 9).

Figure 9. – La *smile curve* de l'iPhone

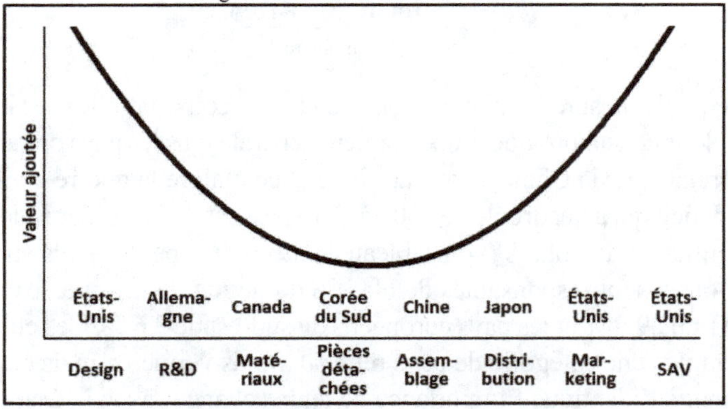

Sources : Mudambi, 2008, p. 711 ; Onimata, 2013, p. 5.

Et si le COMAC C919 – avion monocouloir que la Chine compte vendre à l'exportation (à commencer par Ethiopian Airlines) – a bien été conçu en Chine et émule un Airbus A320, ses équipements les plus sensibles seront fournis par Thalès, Safran, Panasonic, Rockwell Collins, Liebherr… Le même raisonnement peut aussi être tenu pour certains articles de moyenne technologie comme les véhicules utilitaires à moteur thermique fabriqués sous licence Mercedes, Toyota, Man… vendus par la Chine avec une marque chinoise dans de nombreux pays en voie de développement. Également, les articles de faible technologie comme les vêtements – qu'ils soient bon marché ou non – auront été fabriqués à la demande de grands groupes occidentaux comme Zara, H&M ou Hugo Boss et Gucci. Par suite, les produits chinois importés peuvent aussi bien exprimer des stratégies mondialisatrices des grandes firmes multinationales occidentales et japonaises que des choix industriels proprement chinois (Garcia-Herrero et Martínez-Turégano, 2020).

Tableau 4. – Les principaux pays déficitaires

Pays	Part
France	25,2%
Espagne	17,2%
Italie	16,8%
Turquie	13,6%
Égypte	4,7%
Algérie	3,7%
Israël	2,9%
Total	84,1%

Sources : voir figure 7.

Dans quelle mesure les exportations de la zone couvrent-elles ses importations ? Nous constatons que d'une manière générale tous les pays ont un déficit commercial avec la Chine – sauf la Libye et ce malgré la guerre civile qui y sévit – déficit qui a quadruplé de 2003 à 2019 passant de 31 milliards de dollars à 122 milliards de dollars (voir tableau 4). En moyenne, les pays européens du sud-ouest sont responsables de 60,5 % du déficit de la zone, les pays du MENAT de 29,9 % et les pays européens du sud-est de 9,6 %. Ces chiffres ne signalent pas une catégorie de pays plus ou moins vertueux, mais expriment quasiment à l'identique l'importance de leurs échanges avec la Chine. Aussi nous ne sommes pas étonnés de retrouver parmi les pays ayant les déficits les plus importants ceux qui ont les échanges aussi les plus importants (voir tableau 4). Près de 60 % du déficit des 26Med est dû aux trois pays européens du sud-ouest (France, Espagne et Italie) et 25 % à quatre pays du MENAT (Turquie, Égypte, Algérie et Israël).

Pour caractériser ces exportations, nous avons entrepris une nouvelle analyse en composantes principales (ACP) que résume la figure 10. Les deux axes présentés ici expliquent et résument 80 % des informations. L'axe des abscisses oppose les pays qui exportent principalement des minerais, métaux et combustibles (à droite) à ceux qui exportent plutôt des articles manufacturés et des produits alimentaires (à gauche).

Figure 10. – Les 26Med et leurs exportations (2003-2019)

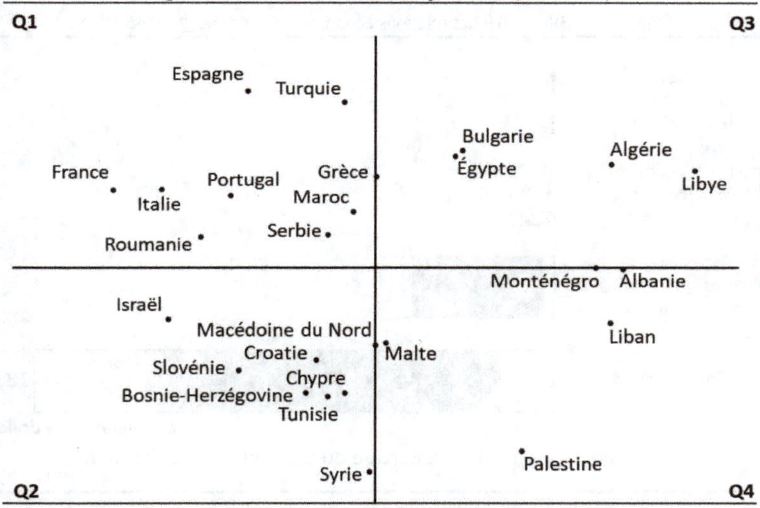

Sources : Calculs des auteurs à partir de la base de données en ligne de la CNUCED à https://unctadstat.unctad.org.

L'axe des ordonnées oppose les pays dont le chiffre d'affaires à l'exportation est important (au-dessus) à ceux dont le chiffre d'affaires est moindre, voire faible (en dessous). Ainsi, dans le quadrant Q3, nous trouvons l'Algérie et la Libye dont les exportations à la Chine sont à plus de 95 % constituées par des hydrocarbures. L'Égypte exporte aussi des hydrocarbures (70 %), mais aussi des engrais minéraux et des phosphates (11 %). Quant à la Bulgarie, elle exporte des métaux précieux et du plomb (70 %). En dessous de l'axe des abscisses, dans le quadrant Q4, nous trouvons un pays, le Liban, dont les exportations à la Chine ne représentent que 0,03 % des exportations des 26Med, mais qui sont marquées par une forte proportion de métaux précieux

(82 %). À gauche de l'axe des ordonnées, nous trouvons Israël (quadrant Q2) et l'Italie (quadrant Q1) qui tous les deux exportent à environ 95 % des articles manufacturés, mais pour le premier moins d'un quart du montant du second ; Israël peut également être opposé à la Libye (quadrant Q3) par la structure de leurs exportations bien que les montants de celles-ci soient voisins. Ici encore il n'existe aucun profil unique qui puisse éventuellement suggérer une stratégie chinoise à l'égard des pays méditerranéens.

Figure 11. – Bilan 2019 des relations économiques sino-méditerranéennes

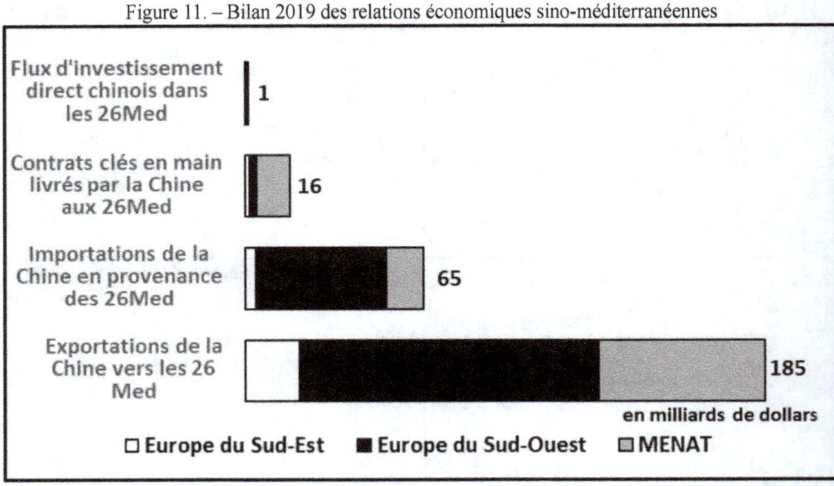

Sources : voir tableau 2 et figure 2.

La figure 11 permet de résumer et de qualifier les relations économiques entre la Méditerranée et la Chine fin 2019. Quel que soit le point de vue que nous adoptons, les relations que la Chine entretient avec les 26 pays de la zone ne sont pas des relations d'investisseur (un milliard de dollars), mais bien plutôt de prestataire de services (16 milliards de dollars), mais par-dessus tout de fournisseur de marchandises (185 milliards de dollars). La destination et/ou la provenance de ces flux montrent également que la priorité est donnée aux pays d'Europe du Sud-Ouest, confirmant ainsi les objectifs économiques définis pour la stratégie de nouvelles routes de la soie. La figure 12 illustre davantage encore cette constatation en comparant selon les mêmes critères l'importance des 26Med sans les pays de l'Union européenne relativement aux 28 pays de l'Union européenne en 2019. Cette conjoncture explicite la stratégie maritime de la Chine en Méditerranée comme nous l'étudierons dans un prochain chapitre.

Figure 12. – Bilan 2019 comparé

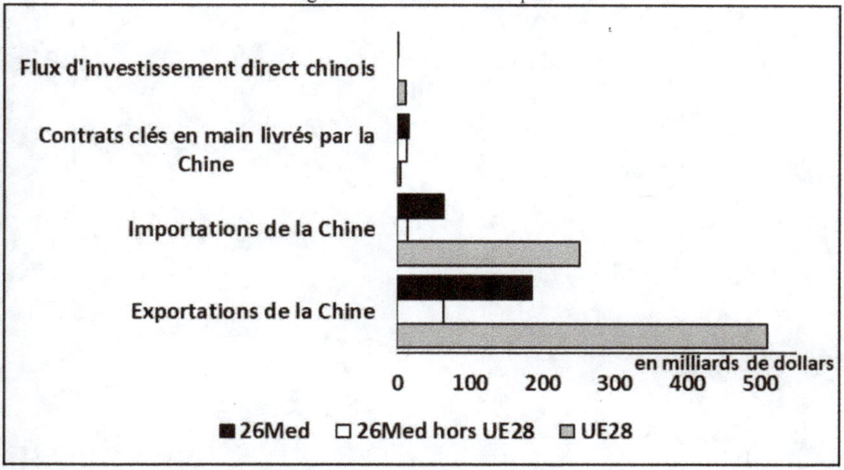

Sources : voir tableau 2 et figure 2.

• • • Chapitre II — La présence maritime chinoise en Méditerranée

Lorsque le 3 octobre 2013, dans un discours devant le parlement indonésien, Xi Jinping a lancé l'idée d'une coopération entre la Chine et les pays de l'ASEAN pour construire « une communauté de destin », c'est presque incidemment qu'il y mentionne la « route maritime de la soie » sans apparemment se douter que l'expression allait faire florès une fois alliée à celle de « ceinture économique des routes [terrestres] de la soie » qu'il avait évoquée un mois plus tôt à Astana. La stratégie des nouvelles routes de la soie (*yi dai yi lu zhanlüe*), puisque c'est ainsi qu'elle était alors qualifiée, était lancée.

Véritablement, cette route maritime de la soie du XXIe siècle n'est que l'ancienne route des porcelaines fréquentée par les marchands arabes et indiens puis, à partir du XVIe siècle, par les marchands portugais, hollandais, anglais et français. L'ouverture du canal de Suez en 1869 a donné à cette route traditionnelle une dimension inédite en même temps qu'elle offrait de nouvelles opportunités à la compagnie des Messageries maritimes créée à Marseille en 1851 qui devint, sur sa route vers la Chine, l'initiatrice du port de Djibouti (1888) ainsi que l'un des promoteurs du chemin de fer franco-éthiopien à partir de 1897. C'est sur l'un de ses navires, le paquebot André Lebon, que le jeune Deng Xiaoping embarque pour la France le 27 août 1920, avec 80 étudiants du mouvement Travail-Études. Cette entreprise n'a jamais cessé ses relations commerciales avec la Chine. Elle a rouvert un bureau à Shanghai en 1982 après la Révolution culturelle. Son avatar actuel, la CMA-CGM (résultant de la fusion en 1999 de la Compagnie maritime d'affrètement et de la Compagnie générale maritime), est présentement l'une des principales compagnies de transport maritime de conteneurs entre la Chine et l'Europe. Aujourd'hui, cette route maritime de la soie se prolonge jusqu'au nord de l'Europe.

De fait, l'intérêt de la Chine pour la route maritime de la soie dans sa configuration méditerranéenne s'est manifesté dès le milieu des années 1990 ; ce n'était alors que l'expression d'une stratégie entrepreneuriale. La China Shipping Container Lines (une filiale de China Shipping qui sera autoritairement fusionnée dans COSCO en 2016) s'est installée en 1997 au Pirée pour organiser le transbordement des cargaisons qu'elle transportait. Mais ce sont aussi les armateurs grecs qui poussèrent au rapprochement gréco-chinois de 2005, car leurs bateaux transportaient alors 50 % du vrac et 60 % du pétrole à destination de la Chine (Psarafis et Pallis, 2012). Ce côtoiement conjugué à l'ouverture sur le marché européen qu'offrait la Grèce explique les relations que COSCO entretient aujourd'hui avec le port.

Les ports dans le commerce sino-méditerranéen

En 2019, les ports des 26 pays méditerranéens ont assuré 10 % du trafic mondial de marchandises conteneurisées – donc transportées par porte-conteneurs à l'exclusion des vraquiers, chimiquiers, pétroliers, rouliers... De fait, ce chiffre agrège des données nationales plus qu'à proprement parler méditerranéennes puisque, par exemple, le premier port à conteneurs français est le port du Havre loin devant ceux de Fos et Marseille que concurrence de surcroît, sur l'île Malte, le port de Marsaxlokk devenu la plate-forme logistique (*hub*) en Méditerranée pour les porte-conteneurs de la CMA-CGM.

Le tableau 5 donne la liste des 39 principaux ports méditerranéens ayant un indice de connectivité[11] supérieur à 30 dans la liste des ports de quelque importance telle que la donne la base de données de la CNUCED : un dixième seulement des ports de la base de données a un indice supérieur à 30 (129 sur

11 L'indice portuaire de connectivité des transports maritimes réguliers est généré pour tous les pays desservis par des services réguliers de transport maritime conteneurisé. Plus son indice est élevé, meilleure est la connectivité d'un port ; l'indice le plus élevé (135) est actuellement celui du port de Shanghai.

1283) ; en d'autres termes, ces 39 ports méditerranéens comptent pour un tiers des ports les mieux achalandés au monde, ce qui confirme une fois de plus l'importance de l'économie portuaire de la mer Méditerranée. Toutefois, ces données ne permettent pas d'apprécier pleinement les rapports de ces ports avec la Chine, sauf peut-être pour le port du Pirée qui arrive au cinquième rang derrière les ports espagnols (Algésiras, Valence et Barcelone) et marocain (Tanger Med). Les données disponibles permettent juste d'apprécier globalement la situation des différents pays à l'égard de la Chine.

Tableau 5. – Principaux ports méditerranéens et leur indice de connectivité (2019)

Croatie		**Grèce**		Marsaxlokk	47
Rijeka	33	Le Pirée	62	**Maroc**	
Égypte		**Israël**		Tanger Med	65
Port Saïd	58	Haïfa	41	**Portugal**	
Damiette	35	Ashdod	36	Sines	41
Alexandrie	31	**Italie**		**Slovénie**	
Espagne		Gioia Tauro	55	Koper	35
Algésiras	66	Gênes	51	**Turquie**	
Valence	66	La Spezia	41	Ambarli	49
Barcelone	63	Trieste	34	Izmit	43
Las Palmas	31	**Liban**		Mersin	41
France		Beyrouth	38	Tekirdağ	41
Fos	44	**Malte**		Aliağa (Nemrut)	38

Sources : Sélection à partir de la base de données de la CNUCED à https://unctadstat.unctad.org/.

La figure 13 montre qu'il existe clairement une corrélation entre la connectivité globale des pays et leur connectivité avec la Chine et que les pays ayant les débits de conteneurs (chargement, déchargement, repositionnement et transbordement) les plus importants sont aussi ceux qui sont les mieux connectés avec la Chine. Nous trouvons donc un groupe de pays méditerranéens dominant les relations maritimes sino-méditerranéennes, par ordre alphabétique : l'Égypte, l'Espagne, la France (grâce à sa façade atlantique), la Grèce, le Maroc et la Turquie ; cinq pays auxquels s'ajoute Malte dont nous avons déjà évoqué le rôle de plate-forme logistique « française ». Deux pays ont connu une évolution considérable entre 2010 et 2019, c'est d'une part le Maroc avec le port de Tanger Med dont le débit est passé de 2,8 à 6,1 millions de conteneurs EVP[12] et c'est d'autre part la Grèce avec le port du Pirée dont le débit est passé dans le même temps de 1,1 à 6,1 millions de conteneurs EVP. Bien que le rôle des transporteurs chinois ait été déterminant dans l'essor du port du Pirée – contrairement au port de Tanger Med –, il est remarquable que l'indice de connectivité du Maroc avec la Chine (0,522) soit nettement supérieur à celui de la Grèce (0,489), plaçant le royaume chérifien au deuxième rang des acteurs portuaires méditerranéens *stricto sensu* derrière l'Espagne (0,539) pour les liaisons avec la Chine. Quant aux ports turcs, qui arrivent au deuxième rang derrière les ports espagnols par leur débit de conteneurs, leurs connectivités globale et bilatérale avec la Chine restent encore trop modestes pour concurrencer dans l'immédiat le Maroc, la Grèce ou l'Espagne.

Figure 13. – Principaux ports méditerranéens, leur connectivité et leur débit de conteneurs (2019)

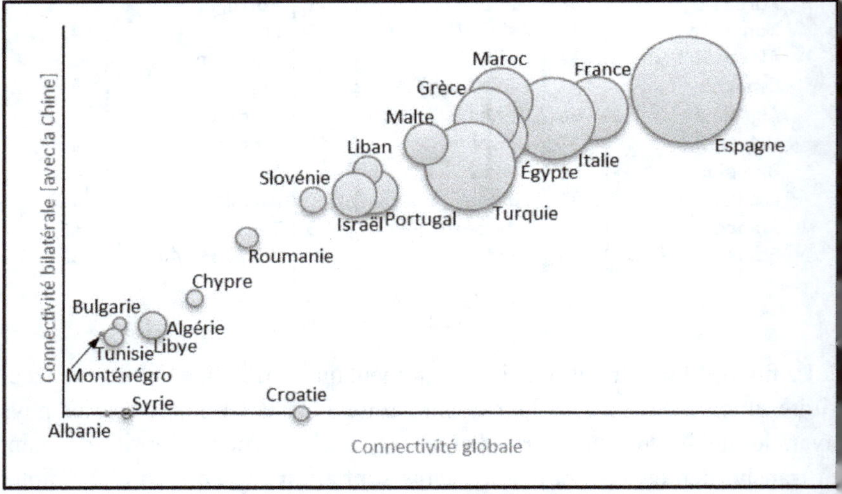

Note : La taille de la bulle exprime le débit de conteneurs exprimé en millions de conteneurs EVP (équivalent vingt pieds).
Sources : Calculs des auteurs à partir de la base de données de la CNUCED à https://unctadstat.unctad.org/.

Les infrastructures portuaires méditerranéennes sont devenues essentielles à la mise en œuvre de la stratégie de la nouvelle route maritime de la soie, mais

12 Un EVP (équivalent vingt pieds) est l'unité de volume équivalente à un conteneur standard multimodal d'une longueur de vingt pieds.

elles n'en sont pas la fin ; sur un plan politique que nous n'aborderons pas, elles sont juste un outil dans la marche de la Chine vers une présence globale. Est-ce pour autant que la Chine « achète » des ports en Méditerranée[13] ?

Ports et terminaux

Commençons par noter qu'il n'existe pas en droit français – ni ne semble-t-il dans aucun autre droit – de définition du port même s'il est publié un Code des ports maritimes. Ce sont ses fonctions qui vont le caractériser et il est généralement considéré qu'un port est un lieu spécialement aménagé par la puissance publique pour faciliter le commerce maritime et organiser le chargement, le déchargement, le stockage, la transformation et la distribution des marchandises. D'une telle définition, il découle qu'un espace portuaire est non seulement le lieu où s'accomplissent des missions de services publics (administration et gestion), mais aussi celui où s'exercent des activités industrielles et commerciales à caractère le plus souvent privé. Parmi ces dernières, nous relèverons les activités de manutention (chargement et déchargement). Cette coexistence d'activités publiques et privées signifie donc une occupation et un usage privés du domaine public portuaire – sauf évidemment à avoir totalement privatisé cet espace public, ce qui n'est qu'exceptionnellement le cas. Autrement dit, cette observation signale d'emblée que les compagnies maritimes chinoises ne peuvent *a priori* pas avoir acheté de ports en Méditerranée.

Le modèle de gestion des ports qui à l'heure actuelle domine très largement est celui du « port propriétaire », *landlord port*, pour reprendre l'expression utilisée par la Banque mondiale, ce qui correspond à une externalisation de la gestion d'actifs publics. C'est donc un partenariat public-privé dans lequel l'autorité portuaire gère la propriété du foncier portuaire pour le compte d'un État et assume un certain nombre de missions de services publics en même temps qu'elle concède à un ou plusieurs opérateurs privés l'exploitation de parties de ce port (terminal) à condition qu'ils l'équipent sous leur responsabilité commerciale et juridique. Un terminal est donc un sous-espace portuaire dont les aménagements sont nécessaires aux opérations de débarquement, d'em-

13 Une version non actualisée de certains éléments qui suivent apparaît dans un travail antérieur (Pairault, 2019b).

barquement, de manutention et de stockage des marchandises. Concrètement, dans le cas d'un terminal à conteneurs, il s'agira d'en confier la gestion à un opérateur de terminal privé. C'est dans le cadre de cette mutation libérale que les grands manutentionnaires chinois vont pouvoir exploiter à l'étranger des terminaux à conteneurs en signant des concessions portuaires qui sont des conventions d'exploitation de terminal n'entraînant aucunement un transfert de propriété sur les terrains et équipements mis à la disposition d'un opérateur.

Terminaux et opérateurs

Traditionnellement, on distinguait deux types d'intervenants : les acconiers et les transporteurs. Les premiers assuraient la gestion des terminaux à conteneurs tandis que les seconds pourvoyaient au transport des conteneurs. Ces dernières années, les alliances, les participations croisées, les partenariats, les fusions et acquisitions ont conduit à une hybridation des activités qui affectent tout autant les entreprises chinoises, que non chinoises. De surcroît, les rapprochements entre entreprises chinoises et entreprises non chinoises, dans les ports chinois comme dans les ports méditerranéens et européens, ajoutent à la complexité des relations actuelles.

Les dix premiers *transporteurs* de conteneurs (voir tableau 6) assurent 84 % du service. Le groupe COSCO vient de ravir la troisième position de ce classement à CMA-CGM après qu'il ait absorbé le transporteur hongkongais Orient Overseas Container Line (OOCL). Ce classement ne doit pas être confondu avec celui des *opérateurs* de terminaux à conteneurs dans lequel les mêmes entreprises peuvent aussi apparaître à côté d'entreprises absentes du classement précédent (voir tableau 7).

Tableau 6. – Classement des transporteurs de conteneurs (février 2021)

Rang	Transporteur	Part de marché
1	Maersk (Danemark)	16,9 %
2	MSC (Italie-Suisse)	15,9 %
3	COSCO (Chine)	12,5 %
4	CMA-CGM (France)	12,3 %
5	Hapag-Lloyd (Allemagne)	7,2 %
6	Ocean Network Express (Japon)	6,6 %
7	Evergreen Line (Taïwan)	5,3 %
8	Hyundai Merchant Marine (Corée du Sud)	3,0 %
9	Yang Ming Marine (Taiwan)	2,6 %
10	Zim (Israël)	1,6 %

Source : Alphaliner à https://alphaliner.axsmarine.com/PublicTop100/ (6 février 2021).

Tableau 7. – Classement des opérateurs de terminaux à conteneurs (2019)

Rang	Opérateurs / manutentionnaires	Part de marché	
		Quantité manutentionnée	Capacité de manutention
1	COSCO (Chine)	13,7 %	15,6 %
2	PSA International (Singapour)	10,6 %	12,9 %
3	APM Terminals (Pays-Bas)*	10,5 %	11,9 %
4	Hutchinson Ports (Hong Kong)	10,3 %	12,5 %
5	DP World (Émirats arabes unis)	8,7 %	10,0 %
6	Terminal Investment Ltd (Luxembourg)*	6,3 %	8,0 %
7	China Merchants Port (Hong Kong)	4,4 %	4,9 %
8	CMA-CGM (France)	3,3 %	4,8 %
9	ISSA Marine (Royaume-Uni)	1,6 %	2,3 %
10	ICTSI (Philippines)	1,5 %	2,2 %

Note *: APM Terminals est une filiale du danois Maersk, tandis que Terminal Investment Ltd (TIL) est celle de l'italo-helvétique MSC.
Source : Drewry, *Global Container Terminal Operators. Annual Review and Forecast: annual report 2020/21*, cité par la CNUCED dans *Review of maritime transport 2020*, p. 59, https://unctad.org/system/files/official-document/rmt2020_en.pdf

La comparaison des deux tableaux montre les compagnies maritimes qui ont réussi leur hybridation à l'instar de COSCO qui est à la fois le troisième transporteur et le premier opérateur. Il en est de même du danois Maersk avec sa filiale APM Terminals (premier transporteur, troisième opérateur). En revanche, le transporteur CMA-CGM (France) et l'opérateur China Merchants Port (CMPort) n'ont pas encore pleinement réalisé leur hybridation. Ils disposent tous deux de terminaux qu'ils contrôlent sous la forme soit de filiales à 100 %, soit de participations dans des coentreprises (voir figure 14).

Figure 14. – Alliances méditerranéennes

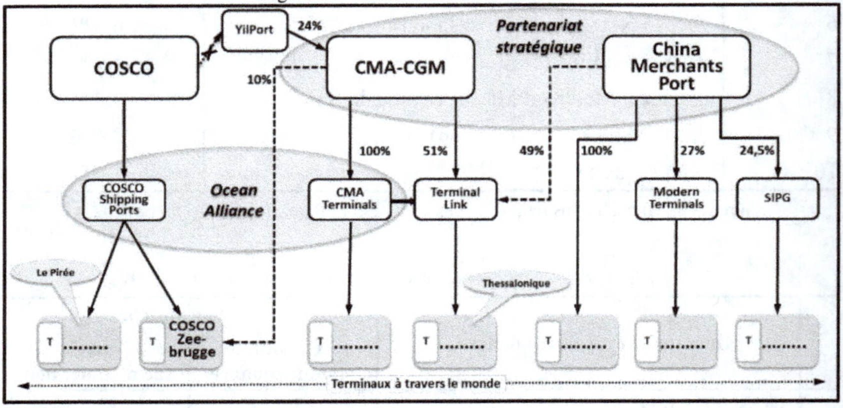

Sources : Informations éparses réunies par les auteurs.

En 2013, le groupe CMA-CGM a revendu 49 % des parts qu'il possédait dans Terminal Link à CMPort, par suite le transporteur chinois pouvait accéder à quatorze nouveaux terminaux dispersés en Europe (sept), mais aussi en Afrique (trois), aux États-Unis (deux) et en Asie (deux). Cette acquisition de parts dans des terminaux européens permet à CMPort, qui était surtout focalisé sur la Chine continentale, de participer activement à la stratégie de nouvelles routes de la soie. Cette opération a également servi de prélude deux ans plus tard à la signature d'un partenariat stratégique entre les deux transporteurs en la présence du Premier ministre Li Keqiang lors de son passage à Marseille fin juin 2015. Puis, en 2020, CMPort augmente sa participation au capital de Terminal Link qui acquiert les actifs de dix terminaux gérés par CMA Terminals à Hô Chi Minh-Ville (Vietnam), Kingston (Jamaïque), Leam Chabang (Thaïlande), Cai Mep (Vietnam), Mundra (Inde), Odessa (Ukraine), Qingdao (Chine), Singapour et Umm Qsar (Irak). L'intérêt de l'opération est clair. À court terme, CMA-CGM renforce sa trésorerie et assure la modernisation de sa flotte dont l'achat de plusieurs porte-conteneurs financés avec un prêt de l'ExIm Bank de Chine d'un milliard de dollars. À plus long terme, CMA-CGM et CMPort, en partageant des escales le long de la route maritime de la soie, limitent l'importance des capitaux qu'ils auraient mobilisés s'ils avaient dû agir seuls comme opérateur de terminaux à conteneurs.

Dans le même temps, la CMA-CGM a entrepris de forger en 2016 une alliance (*Ocean Alliance*) avec le transporteur chinois COSCO (mais aussi le taïwanais Evergreen et le hongkongais OOCL depuis absorbé par COSCO) qui, afin d'accéder à la première place mondiale des transporteurs, envisageait d'entrer dans le capital du transporteur français en rachetant les parts détenues par Yilport Holding – une filiale du groupe propriété de l'homme d'affaires turc Robert Yildirim qui a confié à la CITIC (une banque chinoise donc) le soin de mener à bien cette opération. L'opération ne s'est pas faite, faute pour Yilport d'avoir pu acquérir Ports America comme souhaité ; toutefois, en janvier 2021, le responsable de la gestion des terminaux de la CMA-CGM a été nommé à la tête d'Ylport. La conjoncture économique mondiale encourage des restructurations dans le transport des conteneurs et dans la gestion des terminaux avec l'espoir que le développement d'une nouvelle route maritime de la soie les justifiera. Ces circonstances ne simplifient pas l'analyse.

D'autres entreprises se démarquent nettement de ces transporteurs et opérateurs de terminaux. C'est le cas de la China Harbour Engineering Company (CHEC) qui est une entreprise de construction filiale du China Communications Construction Group (CCC) classée au quatrième rang mondial du *ENR's 2020 Top 250 Global Contractors*. La CHEC intervient comme prestataire de services dans l'édification de nouveaux ports et de terminaux le long de la route de la soie en Asie (Chittagong, Colombo, Gwadar, King Abdulaziz ; Qasim…), en Afrique (Abidjan, Conakry, Dar es-Salaam, Kribi, Mombasa, Port Bell, Tema…), mais aussi en Méditerranée : en Égypte (Port-Saïd), à Malte (La Valette), en Israël (Ashdod), en Algérie (Cherchell)… Son omniprésence et l'importance des marchés pourraient faire apparaître la CHEC comme « envahissante » même si son implication ne signifie jamais l'acquisition de droits sur les infrastructures portuaires qu'elle crée ni l'obtention à son bénéfice de concessions portuaires pour les exploiter. Son activité ne saurait donc être confondue ni amalgamée à celle de la COSCO ou de la China Merchants Port, par exemple, pour dénoncer des « achats chinois de ports ».

Opérateurs chinois en Méditerranée

Selon la capacité des terminaux auxquels ils ont accès ou selon celle à laquelle leur donne droit leur participation, trois opérateurs chinois se distinguent parmi les premiers opérateurs mondiaux : Hutchinson Ports, COSCO Ports et China Merchants Port. Deux autres sont également impliqués dans la gestion des terminaux méditerranéens : Shanghai International Port Group (SIPG) et Qingdao Port International (QGGJ) qui sont, en 2019, les autorités portuaires gérant respectivement les premier et septième ports mondiaux par le volume des conteneurs manutentionnés dans le monde. Nous allons successivement recenser pour chacun d'entre eux leur activité en Méditerranée en la replaçant dans le contexte des nouvelles routes de la soie.

Hutchinson Ports

Hutchison Ports Holding (HPH) est un opérateur de terminaux dont l'origine remonte à deux compagnies nées à Hong Kong qui fusionnent en 1977. L'une a été créée en 1877 par John Duflon Hutchinson (la Hutchison Company), l'autre en 1863 sous le nom de Hong Kong and Whampoa Dock Company. HPH est aujourd'hui une filiale à 80 % de la CK Hutchison Holdings (détenue par la famille du milliardaire hongkongais Li Ka-shing) et à 20 % de Port of Singapore Authority International (PSA). Véritablement, l'image que renvoient la filiale, la société mère et son PDG est bien plus celle du capitalisme anglo-hongkongais traditionnel que celui du nouveau capitalisme chinois né ces vingt ou trente dernières années en Chine continentale.

HPH ne gère que trois terminaux à conteneurs en Méditerranée, deux en Égypte et un en Espagne :

- Alexandria International Container Terminals (AICT) : cette structure gère deux terminaux, l'un à Alexandrie, l'autre à El Dekheila. HPH a acqui des parts de AICT dès 2015 ; après avoir racheté en 2016 celles du fonds d'investissement MENA Infrastructure, l'opérateur détient aujourd'hui 80,33 % du capital de AICT ; les autres investisseurs sont l'Alexandria Port Authority et Al Blagha – un fonds saoudien d'investissement.

- Barcelona Europe South Terminal (BEST) : Une concession avait été confiée à l'origine à une coentreprise formée par HPH et un groupe espagnol (Grupo Mestre) qui lui a revendu ses parts en 2011 ; aussi aujourd'hui HPH est-il devenu le seul actionnaire de ce terminal.

Le projet de terminal de Fos4XL pour lequel Hutchinson a été retenu en 2010 semble, sinon avoir capoté, du moins avoir été retardé, car aujourd'hui seuls deux manutentionnaires de conteneurs interviennent dans le cadre du Grand Port maritime de Marseille (GPMM) : Portsynergy-Eurofos qui est une coentreprise entre DB World (49 %) et Terminal Link (51 % ; elle-même une coentreprise entre CMA-CGM et CMPort) – et Seayard qui est une coentreprise entre TIL/MSC (50 %), APM Terminals / Maersk (42 %) et COSCO (8 %).

HPH aurait envisagé d'investir dans un nouveau terminal à conteneurs dans le port de Constanța (Roumanie) qui est partie prenante de projets européens en vue de faciliter la circulation intra-européenne tant fluviale que ferroviaire.

China Merchants Port

La China Merchants est aussi une entreprise dont le nom est historique, elle est aujourd'hui présentée comme l'héritière de la Compagnie commerciale des navires à vapeur[14] – la première compagnie commerciale chinoise créée en 1872 à l'initiative de Li Hongzhang. De fait, cette expression du capitalisme bureaucratique impérial et nationaliste avait disparu dès 1947. Elle est ressuscitée opportunément en Chine en 1979. Puis, en 1992, elle investit dans une structure qui est la première société à capitaux entièrement publics chinois enregistrée et cotée à la bourse de Hong Kong dont naîtra, en 1997, la China Merchants Holdings International (CMHI) qui deviendra, en 2016, la China Merchants Port. Cette dernière exploite aujourd'hui quatre terminaux en Méditerranée à la suite de prises de participation.

14 En chinois *Lunchuan zhaoshang ju* réduit par aphérèse à *Zhaoshang ju* qui devient la désignation actuelle en chinois de la China Merchants.

• Terminal Link : Terminal Link est un opérateur de terminaux devenu en 2001 une filiale de CMA-CGM qui a revendu 49 % de ses parts à la China Merchants Ports en juin 2013. Cet accord donne à l'opérateur chinois l'accès à quatorze terminaux, dont trois en Méditerranée : ceux de Portsynergy-Eurofos (voir *supra*), de Malta Freeport Terminal à Marsaxlokk sur l'île de Malte (participation de 50,0 %) et d'Eurogate à Tanger au Maroc (participation de 40,0 %). D'une manière plus générale, cet accord place cet opérateur à des endroits stratégiques sur la route maritime de la soie.

• Kumport Terminal : C'est également dans la perspective de la route maritime de la soie que la CMPort a pris la tête d'un consortium enregistré au Luxembourg pour acquérir un terminal turc dans la zone portuaire d'Ambarli. À la suite de l'accord signé en 2015, le consortium détient 65 % des parts (réparties à hauteur de 40 % pour la CMPort, de 40 % pour la COSCO Shipping Ports – nouveau nom de la COSCO Pacific, voir *infra* – et de 20 % pour le fonds souverain chinois CIC Capital), les 35 % restant revenant au fonds souverain omanais State General Reserve Fund.

COSCO Shipping Ports

L'acronyme COSCO désigne la China Ocean Shipping Company, une structure créée dans les années 1950 par le ministère des Transports qui l'érige dès 1961 en société commerciale. Aujourd'hui COSCO sert à dénommer la China COSCO Shipping Corporation qui est le fruit la fusion en février 2016 de la China Ocean Shipping (Group) Company (COSCO) et de la China Shipping (Group) Company (China Shipping). Sans avoir eu le temps de digérer pleinement la fusion, le nouveau groupe a acheté en juillet 2017 le transporteur hongkongais[15] Orient Overseas Container Line (OOCL), ce qui désormais place COSCO au troisième rang des transporteurs maritimes de conteneurs (voir tableau 6 *supra*). Aujourd'hui, COSCO, par l'intermédiaire de sa filiale COSCO Shipping Ports qui reprend les activités d'opérateur portuaire, dont celles de l'ex-COSCO Pacific, a des intérêts dans neuf terminaux en Méditerranée. Par ordre chronologique ce sont :

15 De fait, l'entreprise est enregistrée aux Bermudes, mais a son siège social à Hong Kong où elle est cotée en bourse. La société faîtière dont elle dépend est, quant à elle, enregistrée au Libéria.

• Suez Canal Container Terminal (SCCT) : le terminal à conteneurs construit par la CHEC dans la zone est de Port-Saïd a été concédé en 2004 à un consortium comprenant APM Terminals – la filiale néerlandaise du transporteur danois A. P. Møller-Maersk – (55 % des parts), COSCO Shipping Ports (20 %), Suez Canal Authority – l'établissement public propriétaire et gérant du canal de Suez – (10,3 %), la Banque nationale d'Égypte (5 %) et divers actionnaires égyptiens (9,7 %)

• Damietta Container Terminal : ce terminal est géré par une coentreprise – la Damietta International Ports Co. – financée à 25 % par un opérateur koweïtien (KGL International for Ports Warehousing and Transport), à 20 % par Terminal Link (soit CMA-CGM alliée à CMPort), à 20 % par COSCO Shipping Ports, à 10 % chacun par un transporteur maritime koweïtien (United Arab Shipping Company) et par deux fonds d'investissement, l'un koweïtien (AREF Investment Group), l'autre états-unien (GE Capital Equity Investments) et à 5 % par l'établissement public propriétaire et gérant du port de Damiette (Damietta Port Authority).

• Seayard Terminal – Fos2XL : l'exploitation de ce terminal du port de Fos-Marseille a été concédée à une coentreprise à laquelle participent deux autres opérateurs en plus de COSCO Shipping Ports : le luxembourgeois Terminal Investment Limited (TIL, filiale de MSC), le néerlandais APM Terminals.

• Kumport Terminal : COSCO Shipping Ports possède 40 % des parts de la société exploitant ce terminal (voir *supra*).

• Terminaux 2 et 3 du port du Pirée : le contrat signé en 2008 qui lie COSCO Shipping Ports est encore un contrat de concession par lequel PPA (Piraeus Port Authority) confie à PCT (Piraeus Container Terminal SA, une filiale *ad hoc* à 100 % de COSCO Shipping Ports) la charge d'aménager le quai n°3 et de gérer les quais n° 2 et 3 pour une période de 30 ans (prorogeable sous certaines conditions à 35 ans). Les études menées montrent toutes clairement les implications financières de cette opération (Psaraftis et Pallis, 2012 ; Fabre, 2019). Pour la Grèce, il s'agissait d'obtenir un bouquet initial de cinquante millions d'euros et de s'assurer à l'avenir des revenus réguliers avec un port qui déclinait depuis que son principal utilisateur (MSC) s'en était détourné. Le seul critère qui ait amené la sélection de l'opérateur chinois a été le montant de son offre (la plus élevée) sans considérations techniques relatives aux équipements des quais. (Pour la prise de participation dans l'autorité portuaire, voir *infra* l'encadré 1).

• APM Terminals Vado et le nouveau Reefer Terminal : aux termes d'un accord, APM Terminals (Maersk) conserve 50,1 % des parts des deux terminaux qu'il gère dans le port de Vado Ligure en Italie tandis que COSCO Shipping Ports et Qingdao Port International Development (filiale enregistrée à Hong Kong de Qingdao Port International, voir *infra*) obtiennent respectivement 40,0 % et 9,9 % des parts.

• Noatum Container Terminal Valencia : en juin 2017, COSCO Shipping Ports par l'intermédiaire de sa filiale espagnole (enregistrée à Hong Kong) a racheté les parts détenues par JP Morgan Global Alternatives et par APG Asset Management pour le compte d'investisseurs institutionnels dans Noatum Port Holdings (soit 51 % du capital) qui exploitait ce terminal du port de Valence. Turia Port Investments Holdings continue de posséder les 49 % restant.

Encadré 1. – COSCO et le port du Pirée

Le cas du port du Pirée est apparu comme emblématique de la nouvelle présence maritime chinoise en Méditerranée, car la concession de deux quais s'est doublée d'une externalisation de la gestion du port mal vécue par les Grecs qui y ont vu un ukase des instances internationales et de l'Europe. Le 8 avril 2016, COSCO signait une convention de rachat d'actions pour l'acquisition de 67 % des parts de l'autorité portuaire du Pirée. Toutefois dans les deux cas les acteurs ne sont pas exactement les mêmes (voir l'organigramme ci-dessous).

Figure 15. – Organigramme de COSCO

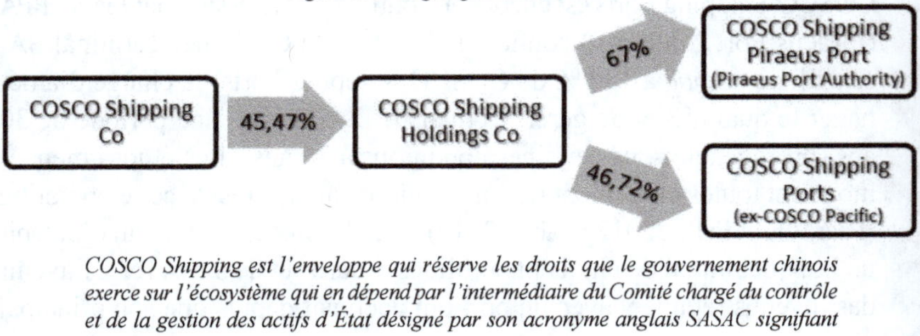

COSCO Shipping est l'enveloppe qui réserve les droits que le gouvernement chinois exerce sur l'écosystème qui en dépend par l'intermédiaire du Comité chargé du contrôle et de la gestion des actifs d'État désigné par son acronyme anglais SASAC signifiant

State-Owned Assets Supervision and Administration Commission (voir Pairault, 2013). De fait, l'État chinois possède moins de la moitié des parts de COSCO Shipping Holdings (CSH) qui est le bras armé du complexe COSCO. Parmi les filiales de CSH se trouvent les acteurs du Pirée. C'est d'abord par ordre chronologique la COSCO Shipping Ports (ex-COSCO Pacific) détenue pour moins de la moitié par CSH, enregistrée aux Bermudes, cotée à Hong Kong et détentrice de la concession des deux terminaux du Pirée. C'est ensuite la COSCO Shipping Piraeus Port qui, détenue à plus deux tiers par CSH et enregistrée en Grèce, contrôle de facto le port du Pirée. Les intérêts managériaux de l'opérateur de terminaux pourraient ne pas s'identifier à ceux de l'autorité portuaire et si CSH s'avérait dans l'impossibilité d'imposer une solution qui convienne au premier, théoriquement les actionnaires libres majoritaires pourraient peser pour soutenir leurs vues. Il est également intéressant de remarquer que la dénomination COSCO Shipping Piraeus Port est une traduction libre du chinois tel qu'en use la SASAC, mais que dans leurs rapports avec l'extérieur c'est toujours la désignation originale (Piraeus Port Authority) qui est utilisée dissimulant ainsi la main mise par COSCO.

Le 2 août 2017, la SASAC a nommé les membres dirigeants de l'autorité portuaire (huit personnes, cinq chinoises et trois grecques). Le communiqué ne cache pas l'importance que représente cette acquisition en rappelant l'implication de membres du Politburo et souligne avec fierté que cette opération est « l'introduction de l'intelligence managériale orientale dans le berceau de la culture occidentale » (SASAC, 2017).

Les relations de COSCO avec le gouvernement grec n'ont pas toujours été faciles, le projet de COSCO d'aménagement et d'extension du terminal de croisières ainsi que la création d'un nouveau terminal à conteneurs se sont heurté à un refus de la part de la Grèce. Fin 2019, un prêt de la Banque européenne d'investissement – garanti par l'ExIm Bank de Chine – aurait débloqué la situation en même temps que Bruxelles signalait à Pékin sa volonté de protéger Athènes.

Shanghai Port International Group (SPIG)

Shanghai Port International Group (SPIG) a été créé en 1988 pour devenir l'opérateur des terminaux du port de Shanghai ; il a été « privatisé » et coté en bourse à partir de 2006. Aujourd'hui la municipalité de Shanghai détient 31,4 % des parts lesquelles sont gérées par le bureau local de la SASAC. La China Merchants Port par l'intermédiaire de l'Adroit Investments ltd (une société de droit hongkongais dont elle possède 100 % du capital) détient 24 % du capital de SIPG[16]. À ces actions il faut encore ajouter celles qu'elle détient directement (1,1 %) soit, au total, 25,1 %. Enfin, COSCO, par le rachat en 2017 des parts de la Shanghai Tongsheng Investment, détient 19,9 % du capital de SIPG.

16 Il semble que l'Adroit Investments ltd soit une société *ad hoc créée en 2007 spécifiquement pour transférer les actions détenues par une filiale – la China Merchants International Terminals (Shanghai) – en Chine à sa maison mère à Hong Kong – la China Merchants Ports.*

La présence de SIPG en Méditerranée se résume à une implantation en Israël ainsi qu'à un projet en Algérie (voir encadré 2). SIPG – seul enchérisseur – a obtenu en 2015 une concession d'opérateur de terminal de vingt-cinq ans à condition d'aménager le nouveau terminal Bayport du port de Haïfa (HaMifratz). Dans le même temps, l'Israel Ports Company (IPC) confiait à Terminal Investment Limited (TIL), le terminal Sud du port d'Ashdod (HaDarom), car cet opérateur était une filiale de MSC, un client important du port d'Ashdod. Par ailleurs, IPC avait annoncé qu'il ne concéderait pas la gestion des deux terminaux à un seul opérateur afin de faire mieux jouer la concurrence.

SIPG envisagerait de répondre à l'appel d'offres pour la concession du terminal Vasco de Gama du port de Sines – la concession de cinquante ans devant être octroyée au postulant qui apporterait le financement du projet.

Encadré 2. – SIPG et le port du Centre à Cherchell

Une future implantation sera celle du port du Centre prévu sur le site d'El Hamdania à Cherchell en Algérie. Ce projet pourrait par certains aspects ressembler à l'opération du Pirée, sauf à mieux y regarder. D'abord, remarquons que ni China Merchants ni COSCO – deux actionnaires particulièrement importants de SIPG (voir supra) – ne semblent vraiment croire à ce projet puisqu'ils se « cachent » derrière SPIG pour être « malgré tout » présents. De même, une entreprise chinoise chargée des travaux (la CHEC) aurait longtemps eu des doutes sur la rentabilité du projet et aurait envisagé de se retirer. Ce projet est ensuite remarquable par son agencement qui prévoit la constitution d'une coentreprise de droit algérien entre Serport (le groupe public algérien faisant office d'autorité portuaire) et les deux entreprises chinoises du BTP – CSCEC (China State Construction Corporation) et CHEC (China Harbour Engineering Company) – réservant 51 % à l'actionnaire algérien comme l'exige la réglementation locale sur l'investissement étranger. Cette structure n'est toutefois pas comparable à la Piraeus Port Authority, car son autorité se limite de facto à la période de construction et les autorités algériennes n'entendent pas à l'heure actuelle privatiser la gestion du domaine public. La diminution des exportations de pétrole brut et de gaz naturel algériens aggravée par une forte chute du cours du pétrole dans le contexte d'une économie algérienne déjà en difficulté a concouru à la recherche de financements extérieurs pour mener ce projet estimé à 3,3 milliards de dollars puis réévalué à 4,8 milliards de dollars ; la Chine a donc été sollicitée d'accorder un prêt à long terme afin qu'il complète l'avance du Fonds national d'investissement. Il importait donc aux entreprises chinoises de participer à une structure qui leur permette de s'assurer que ce prêt chinois serve en priorité à payer leurs propres prestations de services. Il s'agit donc d'un montage destiné, non à surveiller et gérer un investissement ou une acquisition, mais à organiser et garantir le remboursement des débours – profit inclus– occasionnés par leur participation au chantier en confiant à un opérateur chinois la gestion du projet une fois réalisé. Le projet était suspendu en décembre 2018 au prétexte de mener des fouilles archéologiques avant d'être finalement relancé le 28 juin 2020.

Qingdao Port international (QGGJ)

L'autorité portuaire du port de Qingdao, dénommée Qingdao Port Group, est une entreprise publique qui détient 73,8 % du capital de l'opérateur Qingdao Port International (QGGJ) après avoir cédé des parts à COSCO Shipping qui en détiendrait 18,4 % depuis janvier 2017. Environ 70 % du trafic conteneurisé du port se fait à travers le Qingdao Qianwan Container Terminal (QQCT) géré conjointement par QGGJ (31 % des parts), PTS Holdings (49 %) – coentreprise créée par Maersk (20 %) et DB World (29 %) sur les ruines de la filiale asiatique de la P&O ou Peninsular and Oriental Steam Navigation Company – et la filiale shanghaïenne de COSCO Shipping Ports (20 % des parts). Un autre opérateur intervient dans la partie ouest de ce terminal : Qingdao Qianwan West Port United Terminal qui est une coentreprise entre QGGJ (51 %) et China Merchants Ports (49 %) lequel est aussi un actionnaire très minoritaire (2,4 %) de QGGJ à travers sa filiale à 100 % Malai Storage.

En Méditerranée, QGGJ participe à l'accord d'exploitation de deux terminaux de Vado Ligure avec APM Terminals (c'est-à-dire Maersk) et COSCO Shipping Ports (voir *supra*). QGGJ a également signé un accord de coopération avec l'Autorité portuaire de Constanţa (Roumanie) concurremment avec la filiale européenne de COSCO Shipping.

Mondialisation et réforme des ports

Les listes que nous venons d'établir montrent que les opérateurs chinois de terminaux se sont focalisés sur la Méditerranée et d'une manière plus générale sur l'Europe. Autrement dit, les transporteurs maritimes qui desservent de nombreux ports de la Chine à l'Europe en passant par l'Asie et le Moyen-Orient ont le plus souvent considéré comme prioritaire que leurs filiales opératrices de terminaux s'impliquent dans des implantations méditerranéennes, voire européennes. Très certainement, les travaux menés sur commande par des entreprises chinoises pour l'aménagement des ports le long de la route maritime de la soie en Asie (Gwadar, Colombo…) – voire en Afrique (Kribi, Lagos…) – serviront à améliorer l'accueil des navires marchands battant pavillon chinois en même temps qu'ils participeront à l'approfondissement des rapports diplomatico-militaro-commerciaux des pays concernés avec la Chine. Cependant, ces prestations de services ne créent pas pour autant des plates-formes commerciales, voire militaires comme à Djibouti au service de la Chine. L'annonce le 12 juin 2017 d'un accord pour le rachat des 51 % des parts de Noatum Port Holdings tel que COSCO Shipping Ports l'a enregistrée à Hong Kong est en ce sens très explicite :

> *The Company [COSCO Shipping Ports] pursues its stated strategies of "developing a global terminals portfolio", "strengthening control and management of the ports and terminals business" and "bringing into full play the synergies with the container fleets of [COSCO ...] and the Company will effectively leverage on such synergistic advantages to create value for Shareholders.* (COSCO, 2017, p. 4)

L'importance de la zone méditerranéenne s'explique par la progression du commerce entre la Chine et l'Europe, mais ni l'essor des échanges commerciaux ni la stratégie des nouvelles routes de la soie n'expliquent à eux seuls la politique d'implantation portuaire. En effet, l'arrivée des opérateurs chinois n'a été possible que grâce à la réforme en cours des ports occidentaux qui ont entrepris la privatisation de la gestion de leurs terminaux. Depuis le début des années 1990, les États ont été amenés à admettre que pour des raisons budgétaires, mais aussi pour des raisons de compétences techniques et commerciales évidentes, ils ne pouvaient plus assurer seuls la gestion et l'entretien des ports. Aussi l'administration des ports de commerce a-t-elle très progressivement évolué vers le modèle du « port propriétaire », *landlord port*, évoqué en introduction. La Chine n'a pas échappé à cette mutation, aussi la relation qu'entretiennent les opérateurs chinois avec les autorités portuaires occidentales ou africaines n'est-elle pas univoque.

Il serait effectivement faux de croire que les opérateurs occidentaux n'ont pas bénéficié du même mouvement en Chine. La privatisation de la gestion des ports est autorisée dès 1986 sous la forme de coentreprises à capitaux étrangers puis, en 2002, sous la forme d'entreprises à capitaux entièrement étrangers (Shao et He, 2008 ; Bi, 2013). En 1997, l'année où la Hutchison Whampoa défrayait la chronique états-unienne après avoir obtenu la concession des ports de Balboa et Critosbal bordant le canal de Panama, APM Terminals

– la filiale néerlandaise du transporteur danois A. P. Møller-Maersk – signait un accord pour le Dalian Port Container Terminal (DPCT). Aujourd'hui, cet opérateur de terminaux détient des parts dans douze terminaux chinois, plus un à Hong Kong ; c'est sans doute l'opérateur le plus actif le long de la route maritime de la soie – même s'il a revendu ses parts (20 %) dans DPCT en août 2017 lors de la restructuration des activités du Port de Dalian.

Nous ne nierons aucunement que la Chine puisse vouloir consolider son statut de grande puissance majeure, ni qu'elle manifeste une impérieuse ambition dont témoigne la détermination du groupe COSCO à devenir le leader incontestable du transport maritime dans toutes ses activités. Mais, nous remarquons que ce dessein est précisément rendu possible par une mondialisation qui restructure, au bénéfice d'un nombre limité de grandes multinationales, l'économie de la planète. Aussi, la présence des champions chinois est d'autant moins étonnante qu'elle est ouvertement associée à celle des champions occidentaux qui leur ont ouvert la voie dans ce processus.

• • • Chapitre III — Les onze pays européens du Sud-Est et la Chine

Les onze pays d'Europe du Sud-Est (PESE) forment un espace économique composé de la Grèce, de quatre pays qui ont rejoint l'Union européenne (UE) (Slovénie en 2004, Bulgarie et Roumanie en 2007 et Croatie en 2013), de cinq pays des Balkans occidentaux en cours de négociation pour la rejoindre (Monténégro et Serbie) ou candidats (Albanie, Bosnie-Herzégovine et Macédoine du Nord), et aussi du Kosovo. Ces pays associés à ceux du nord-est de l'Europe ont rejoint, en 2012 (la Grèce en 2019) le mécanisme de coopération 17+1 (*17+1 hezuo jizhi*) (MC17 par la suite) créé à l'initiative de la Chine afin de coordonner leurs relations avec l'Empire du Milieu. Cette création a précédé d'une année le lancement de l'ambitieux projet des nouvelles routes de la soie (NRS) dont MC17 est devenu l'une des composantes – même après que la Lituanie ait annoncé avec fracas son retrait en mai 2021.

Des pays arrimés à l'Union européenne

Pour la Chine, la région que forment les onze PESE est à la fois une zone de passage, d'essaimage et d'influence. De passage où se rejoignent plusieurs routes, terrestres et maritime pour atteindre d'autres régions en Europe, en particulier son cœur industriel ; d'essaimage en développant des échanges commerciaux, en procédant à des investissements directs et, principalement, en construisant des infrastructures de différents types (constructions/reconstruction de voies ferrées, d'autoroutes, de ports) ; d'influence, enfin, avec l'ouverture de centres culturels, la distribution de bourses d'études et une coopération dans le domaine de l'information. En Serbie, les relations avec la Chine incluent même les domaines militaire (achat de drones) et sécuritaire (installation de systèmes de reconnaissance faciale dans plusieurs villes du pays). Profitant de la pandémie de la Covid-19, la Chine a également manifesté son *soft power* à grande échelle à travers sa « diplomatie » des masques et des vaccins.

L'impact en huit années de cette présence chinoise peut s'évaluer en termes de croissance des échanges (en hausse), d'investissements (encore très faibles), de concrétisation de projets de construction actés (peu nombreux à ce jour). Dans le cadre d'une relation asymétrique dans laquelle la Chine est à la fois prestataire de services, ouvreuse de nouveaux marchés et apporteuse de capital via des prêts de banques publiques et de fonds spécifiques exigeant d'associer un opérateur chinois pour chaque opération financée par la Chine (Ji et Liu, 2019).

La présence économique chinoise dans cette partie de l'Europe se développe dans le contexte plus général des relations difficiles entre la Chine et l'Europe et très difficiles entre la Chine et des États-Unis à telle enseigne que ces difficultés pourraient affecter l'ampleur de l'engagement chinois dans la région. L'actuelle pandémie a également un impact sur l'avancement des chantiers, car les firmes chinoises qui assurent la majeure partie des travaux importent leur main-d'œuvre qui travaille souvent dans des conditions pénibles sur les différents chantiers. À cette conjoncture générale s'ajoutent les réticences de certains pays des 17 comme la Lituanie qui a récemment annoncé son prochain retrait du MC17, la décision de la Bulgarie et de la Roumanie de décliner la réalisation de projets de construction d'infrastructures ou encore les difficultés actuelles rencontrées par le gouvernement du Monténégro à faire face au remboursement de sa dette vis-à-vis de la Chine.

Ce dernier cas est particulièrement emblématique du rôle que jouent respectivement l'UE et la Chine dans ces pays et que résume l'importance de leurs stocks d'investissement direct. Même si les situations peuvent légèrement varier d'un pays à l'autre, il reste que 63,0 % des IDE dont bénéficient ces onze pays ont pour origine l'UE et 0,4 % la Chine (voir tableau 8). Il est donc manifeste que les activités économiques supposant une implantation à long terme des entreprises chinoises n'ont pas constitué pour l'heure une priorité. De même, les PESE sont extrêmement dépendants des pays de l'UE comparativement à la Chine tant en ce qui concerne les importations et les exportations des onze PESE (voir tableau 9).

Tableau 8. – Stocks d'IDE constitués dans les pays d'Europe du Sud-Est par l'Union européenne et la Chine en 2018

Pays	Part en %		en millions de dollars		
	UE	Chine	UE	Chine	Total
Albanie	77,6 %	0,1 %	6 080	6	7 833
Bosnie-Herzégovine	51,5 %	0,1 %	4 312	4	8 372
Bulgarie	49,7 %	0,3 %	25 036	171	50 382
Croatie	97,0 %	0,2 %	27 039	69	27 885
Grèce	67,4 %	0,7 %	23 496	242	34 853
Kosovo*	-	-	565	0	-
Macédoine du Nord*	47,7 %	0,6 %	14 903	271	5 634
Monténégro*	32,4 %	1,2 %	1 746	63	5 388
Roumanie	73,6 %	0,3 %	68 366	305	92 887
Serbie	33,4 %	0,6 %	14 903	271	44 571
Slovénie	67,2 %	0,2 %	11 662	40	17 349
Total	63,0 %	0,4 %	185 895	1 280	295 154

Source : Calculs des auteurs à partir des données d'Eurostat https://ec.europa.eu/eurostat/fr/web/main/data/database et du MOFCOM http://fec.mofcom.gov.cn/article/tjsj/tjgb/.
Note : l'astérisque * signale que les données sont celles de 2017 ;
UE désigne les 28 pays de l'Union européenne avant le Brexit (1er janvier 2021).

Tableau 9. – Relations commerciales des pays d'Europe du Sud-Est avec l'Union européenne et la Chine en 2019

Pays	Importations de		Exportations vers	
	UE	Chine	UE	Chine
Albanie	59,4 %	9,3 %	81,0 %	3,2 %
Bosnie-Herzégovine	67,5 %	4,1 %	72,4 %	0,8 %
Bulgarie	61,6 %	4,7 %	66,3 %	2,8 %
Croatie	80,4 %	2,9 %	68,2 %	0,7 %
Grèce	52,0 %	7,6 %	55,5 %	2,7 %
Macédoine du Nord	62,2 %	5,7 %	82,3 %	2,2 %
Monténégro	48,3 %	8,5 %	43,6 %	4,7 %
Roumanie	74,6 %	5,3 %	76,8 %	1,1 %
Serbie	56,4 %	8,9 %	67,5 %	1,7 %
Slovénie	64,2 %	6,1 %	73,6 %	0,8 %
Moyenne	65,5 %	5,9 %	70,2 %	1,6 %

Source : Calculs des auteurs à partir des données de la CNUCED http://unctadstat.unctad.org/

Pour saisir la complexité des enjeux à la fois de l'intégration en cours d'une partie des pays d'Europe du Sud-Est à l'Union européenne, de la présence chinoise dans la région dans le cadre du projet des nouvelles routes de la soie, nous aborderons tout d'abord la question des six pays des Balkans occidentaux (BO6) aux portes de l'UE et celle de la mise à niveau de leurs économies. Nous présenterons ensuite le caractère structurant de la présence chinoise à travers la réalisation d'infrastructures, notamment ferroviaires. Enfin nous nous intéresserons à la manière dont se déploie cette présence dans les différents pays concernés, en particulier avec la réalisation d'investissements directs.

Les pays des Balkans occidentaux : en attente de leur intégration à l'UE

À l'exception de la Grèce, les dix autres pays de la région partagent en commun le fait d'avoir été soumis à des variétés de socialisme au cours des trente-cinq années qui ont précédé la chute du mur de Berlin : socialisme de type soviétique pour la Bulgarie et la Roumanie, de marché pour les pays issus de l'ex-Yougoslavie, et « autarcique-national » pour l'Albanie (Richet, 2021). Leur passé socialiste partagé avec la Chine, à l'exception de l'Albanie, n'a pas été marqué par une forte coopération ni par des échanges soutenus en raison du schisme idéologique qui a divisé le monde communiste dans les années 1950-1960. Ces dix pays sont aujourd'hui membres de l'UE ou candidats à l'adhésion. La Slovénie est déjà membre de la zone euro ; la Bulgarie et la Croatie envisagent de la rejoindre prochainement. Ils sont membres de l'OTAN à l'exception de la Bosnie-Herzégovine et du Kosovo – deux États en cours de « construction de l'extérieur » – et, bien sûr, de la Serbie.

En complément des fonds structurels et des fonds de convergence alloués dans le cadre des politiques d'élargissement de l'UE, les investissements directs, en provenance principalement de l'Europe, ont joué un rôle primordial dans la mise à niveau des nouveaux États membres (Richet, 2019b). Les acquisitions réalisées lors de la privatisation des entreprises publiques, puis les investissements vierges qui ont suivi, ont fortement contribué au renouveau économique et à la nouvelle spécialisation de ces économies, laissant aux gouvernements de chaque pays la charge de continuer à exploiter, voire liquider les entreprises avec de faibles perspectives de profitabilité. Certaines de ces entreprises qui n'ont pas trouvé repreneur, ont été ultérieurement reprises par des investisseurs chinois comme pour l'entreprise sidérurgique Smederevo par le groupe HeSteel en Serbie.

La lenteur du rattrapage (le PIB moyen par habitant se situe au tiers de la moyenne de l'UE) dans cette partie du sud de l'Europe (hors Grèce), est imputable à plusieurs facteurs tant historiques, qu'économiques ou politiques : l'industrialisation tardive de la région, l'effondrement du marché de l'ex-URSS, les lentes et difficiles restructurations industrielles. Aux traces profondes laissées par les conflits inter-ethniques et l'éclatement de la Fédération yougoslave, s'ajoutent la difficile construction d'États-Nation et la contraction des marchés qui en a résulté. La nature des systèmes politiques kleptocratiques (Milanovic, 2017) et clientélistes qui se sont installés à la suite de l'effondrement du socialisme (Delteil et Richet, 2019, p. 163-188) a également contribué à freiner la mutation de ces économies et leur mise à niveau.

La Chine apporte une offre économique sans forte conditionnalité pour les projets qu'elle propose et négocie avec les pays hôtes, d'État à État (variété de projets, offre et conditions d'octroi de crédits). À l'opposé, le pouvoir normatif de l'Union européenne subordonne l'adhésion future des pays de la région aux efforts qu'ils réalisent pour respecter les règles d'un état de droit, pour liquider une mainmise sur la propriété publique et toutes les formes de corruption d'un côté, pour s'assurer de l'utilité, de la faisabilité et de la viabilité des projets qu'elle finance de l'autre. S'y ajoutent également les dons, aides diverses allouées dans le cadre des programmes de pré-adhésion à l'UE. Pour certains dirigeants de la région, la présence chinoise apparaît ainsi comme un moyen d'accéder à des ressources complémentaires, sinon alternatives, leur permettant de gagner du temps, de satisfaire leurs populations, de contourner les contraintes de transformations structurelles coûteuses économiquement et politiquement notamment en Serbie.

Les six pays des Balkans (BO6), engagés dans des politiques de mise à niveau sont encore loin de remplir les conditions pour rejoindre l'UE ; ils sont confrontés à de nombreux problèmes structurels, économiques et sociaux : désenclavement géographique, sous-investissement chronique, taux de chômage élevé, émigration endémique des jeunes, qualifiés ou non, endettement élevé.

Pendant longtemps l'accélération du processus d'adhésion des BO6 à l'UE n'a pas semblé être une priorité pour Bruxelles. L'UE était plus préoccupée par la stabilité institutionnelle et politique comme gage de la capacité à avancer dans le processus d'intégration de pays d'une région caractérisée par un important déficit démocratique. D'où l'idée d'une Europe à plusieurs vitesses (Delteil et Richet, 2019, p. 33-46) visant à renforcer le cœur de l'Europe avec les pays du premier cercle tout en envisageant des mécanismes spécifiques pour associer les pays de la « périphérie ». Le retard du processus d'intégration des BO6, la prise en compte tardive de la présence chinoise ont conduit les responsables européens à accentuer leur soutien à ces pays en proposant la création d'une *Zone économique régionale des Balkans occidentaux* – un type de marché commun, décliné autour de six initiatives avec l'objectif d'accélérer la mise à niveau et la préparation de leur future adhésion (Commission européenne, 2018). La Commission européenne met l'accent sur les aspects à la fois politiques, économiques de l'ajustement qui jusqu'ici n'avaient pas pu être mis en œuvre dans les différents pays. Elle attend que les BO6 mènent de front les réformes politiques, économiques, mais aussi structurelles et technologiques.

C'est donc dans ce cadre particulier composé d'économies déjà intégrées pour certaines, en cours de mise à niveau et d'intégration pour d'autres, que la présence de la Chine, à la recherche de ressources, de marchés, de débouchés, va se déployer dans la région. Elle cible notamment les Balkans occidentaux où les besoins sont plus grands notamment dans des secteurs où la Chine promeut les compétences de ses entreprises et les financements nécessaires. En outre, ces pays, pour le moment, bien qu'évoluant dans son orbite, sont moins contraints par la discipline bruxelloise.

Le tableau 10 donne un aperçu de cette présence chinoise qui se caractérise principalement par de nombreux projets de construction d'infrastructures autoroutières, ferroviaires ou portuaires.

Tableau 10. – Projets achevés, en cours, prévus soutenus et financés par la Chine dans les Balkans

Albanie
• Projet de construction d'une autoroute reliant la frontière du Monténégro • Financement d'un parc industriel dans la ville côtière de Durres. • Projet de construction d'un port en eau profonde. • Acquisition de la raffinerie de pétrole albanaise. • Désinvestissement : la concession pour la gestion de l'aéroport international Nënë Tereza de Tirana a été rachetée par un oligarque albanais

Bosnie-Herzégovine

- Nombre de projets limités en raison de la structure politique très complexe du pays.
- Construction et modernisation de trois centrales thermiques au charbon (Stanari, Tuzla, Banovići) et construction d'une mine de charbon à ciel ouvert. Le projet Tuzla B va à l'encontre des réglementations européennes concernant l'environnement auxquelles la Bosnie-Herzégovine a souscrit en tant que pays en accession.
- Projet de participation d'entreprises chinoises pour la construction du tronçon d'une autoroute reliant Banja-Luka à Split en Croatie dont l'évaluation du risque financier est questionnée.

Bulgarie

- Projet de construction de 4 autoroutes, d'un tunnel, aménagement des ports. Abandon du développement de zones industrielles autour de plusieurs villes. Retrait de l'investisseur chinois de la gestion de l'aéroport de Plovdiv.
- Retrait de la Bulgarie du projet G5 impliquant l'entreprise Huawei.
- Faillite d'une entreprise conjointe sino-bulgare dans l'assemblage de voitures.

Croatie

- Construction d'un pont de Pelješac qui enjambe l'accès à la mer Adriatique de la Bosnie avec des financements européens après soumission à un appel d'offres.
- Investissements hôteliers.
- Rejet d'un projet de modernisation d'une ligne de chemin de fer en raison de la faiblesse de l'offre chinoise.

Macédoine du Nord

- Le chantier de construction de deux autoroutes (Miladinovci- Štip, Kičevo-Ohrid) confié à Sinohydro actuellement suspendu pour corruption de membres du gouvernement.
- Projet de construction du réseau gazier du pays.
- Participation chinoise à la construction de la section macédonienne de la ligne de chemin de fer Athènes-Belgrade.
- Construction d'une centrale hydro-électrique.
- Vente d'une flotte d'autobus et de locomotives électriques.
- Retrait de Huawei des projets d'équipement de la 5G.

Monténégro

- Construction d'une ligne de chemin de fer reliant le port de Bar à la frontière serbe.
- Construction d'une autoroute entre le Monténégro et l'Albanie.
- Construction d'une autoroute entre le port de Bar et la frontière serbe dont le financement et l'utilité sont aujourd'hui discutés.
- Renouvellement de la flotte monténégrine avec la construction de quatre navires.
- Rénovation d'une ligne de chemin de fer.
- Investissements dans plusieurs projets hydro-électriques, thermiques.

Roumanie

- Nombreux projets discutés, mais à ce jour aucun n'a abouti (construction d'autoroutes, extension d'une centrale nucléaire, modernisation du port de Constanţa.
- Retrait de Huawei dans les projets 5G.
- Adoption d'une loi au Parlement visant indirectement la Chine interdisant aux pays hors de l'UE de participer à des appels d'offres.

Serbie

- Construction de ponts, de plusieurs sections d' autoroutes, notamment une partie du Corridor XI ou route E-763 qui relie Belgrade à la frontière du Monténégro, de ligne de chemin de fer (tronçon serbe de la ligne Belgrade Budapest, Nis-frontière Macédoine du Nord), d'une voie périphérique autour de Belgrade, projet de construction de deux lignes de métro de Belgrade en partenariat avec l'entreprise française Alstom (en position dominante), réalisation d'un parc industriel aux environs de Belgrade,
- Modernisation de centrales thermiques.
- Projet d'investissement dans la construction de systèmes d'assainissement des eaux dans plusieurs villes de Serbie, projet critiqué en raison de l'obsolescence de la technologie utilisée.
- Acquisition d'actifs, notamment de deux grandes firmes publiques dans les secteurs sidérurgiques (aciérie de Smederevo) miniers (fonderie de cuivre de Bor).
- Investissements vierges dans les secteurs automobile (batteries électriques) et pneumatique.
- Extension d'une mine de charbon à Kostolac.
- Contrat-cadre pour la fourniture d'équipements et de services TIC en association avec Huawei qui a fourni mille caméras faciales aux trois principales villes du pays. Dans le cadre de la coopération dans les domaines militaire et sécuritaire, la Chine a et va livrer à la Serbie plus d'une dizaine de drones.

Slovénie

- Extension d'une centrale nucléaire.
- Rachat de la grande firme slovène de produit ménager Gorenje par une entreprise chinoise.
- Participation à la rénovation d'un aéroport.
- Projet de modernisation d'une ligne de chemin de fer

Sources : Barisitz, 2020 ; Barisitz et Radzyner, 2017 ; Bastian, 2017 ; Brînză, 2020, Karaskova *et al.*, 2020 ; Mardel, 2020 ; PSSI, 2020.

L'Europe du Sud-Est à la jonction des routes de la soie terrestres et maritime

Tous les trains mènent à Rome…

Les nouvelles routes de la soie (NRS) reposent sur un maillage et un croisement de routes terrestres et maritimes devant connecter différents marchés et faciliter les échanges le long des routes traversées et rejoindre les marchés développés notamment européens sur lesquels la Chine écoule une grande partie de ses produits. La Chine est devenue récemment le premier débouché des exportations européennes et l'Europe en est le premier destinataire de ses exportations. Depuis quelques années des liaisons ferroviaires existent et transitent régulièrement, partant de différentes régions de Chine (principalement des provinces du nord-ouest) et arrivent en Europe à l'est via l'Asie centrale la Russie et le Bélarus. D'autres lignes arrivent à Istanbul et se connectent ainsi aux terminaux portuaires de la région permettant de rejoindre les marchés européens par le sud.

Chemin faisant, le projet vise également au développement d'activités dans les zones traversées, il est à l'origine de la création d'importants nœuds de connexion, de transbordement, mais aussi d'activités comme dans le port sec de Khorgos (le plus grand du monde à ce jour qui a été construit par des entreprises chinoises) à la frontière de la Chine et du Kazakhstan.

Les connexions terrestres Chine-Europe

Deux corridors terrestres atteignent l'Europe. Au nord, c'est le Nouveau pont continental Asie-Europe (voir figure 16) qui emprunte des lignes de chemin de fer reliant la Chine à l'Europe de l'Ouest *via* le Kazakhstan, la Russie, le Bélarus et la Pologne. La route réduit le temps de transport par rapport à la route maritime, mais non pas encore les coûts de transport (estimés à deux fois le coût de transport par mer) qui sont en partie couverts par des subventions accordées par les provinces et les villes chinoises d'où partent les trains (Ma, 2019).

Figure 16. – Les corridors économiques et la route maritime

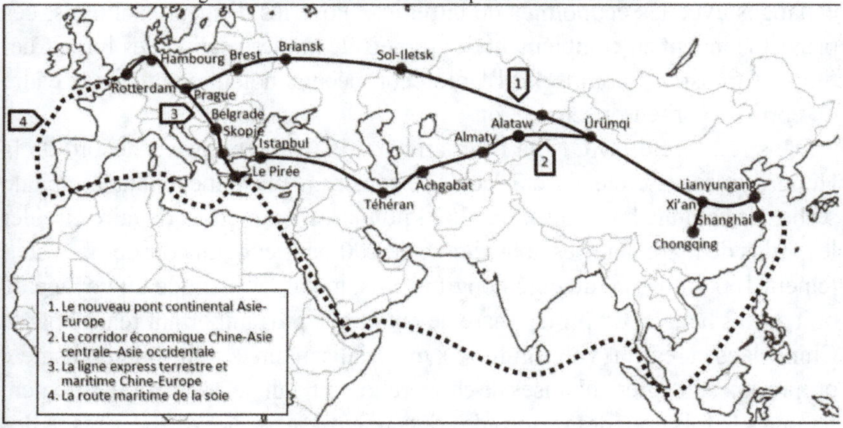

Source : carte réalisée par les auteurs.

Au sud, le Corridor économique Chine-Asie centrale-Asie occidentale relie la Chine à la mer Méditerranée par la Turquie (voir figure 16). Ce corridor accroît la connectivité entre la Chine, le Kazakhstan, le Kirghizstan, l'Ouzbékistan, le Tadjikistan, le Turkménistan, l'Iran et la Turquie. Sa mise en service s'accompagne de travaux routiers et d'infrastructures de différents types visant au développement de relations économiques jusqu'ici limitées. Le long de ce corridor, le train parcourt 8 693 kilomètres. À Istanbul, par un tunnel, il continue vers l'Europe en se connectant à la Ligne express terrestre et maritime Chine-Europe présentée comme le projet-phare de la présence chinoise dans les Balkans, mais qui, en fait, a pris des proportions plus modestes en termes de réalisation de travaux.

La Ligne express Chine-Europe à travers les Balkans

La route reliant Le Pirée – où COSCO gère en grande partie le port – à Budapest en Hongrie doit assurer le raccordement entre les deux routes terrestre et maritime et permettre ainsi aux exportateurs chinois de rejoindre les marchés de l'Europe septentrionale. La réfection et l'extension de ports dans la région (mer Noire, Adriatique, mer de Marmara), la construction d'infrastructures autoroutières et ferroviaires visent à promouvoir, faciliter, fluidifier les échanges avec les économies de la région. Pour les dirigeants chinois, ces projets viennent en complément des projets de modernisation des infrastructures de transport promus par l'Union européenne notamment dans le cadre du corridor pan-européen de fret.

Dans le cadre du MC17, à l'initiative de la Chine et avec l'accord de la Hongrie et de la Serbie, il a été décidé de construire une ligne reliant la capitale serbe à la capitale hongroise, soit 350 kilomètres, permettant de faire circuler les trains de marchandises, à la vitesse de 200 km/heure du côté serbe, à seulement 160 km/heure du côté hongrois, faisant passer la durée du voyage de huit à trois heures. Ce projet phare devait être le plus important réalisé par la Chine dans la région (voir figure 16), matérialisant un « multi-bilatéralisme » propre aux stratégies chinoises de coopération. En fait, le projet a été fortement retardé à la fois pour des raisons de coût en Serbie et de non-respect des règles communautaires de l'UE touchant les marchés publics en Hongrie. Son utilité a été aussi questionnée à propos de la partie hongroise du trajet : en Hongrie, la ligne relie directement la frontière à la capitale sans desservir d'autres villes le long de son parcours. Quant à la Chine, elle y voyait une vitrine pour promouvoir son savoir-faire et intéresser d'autres pays de la région à faire appel à ses technologies.

Après sept années de négociation, la Serbie a revu son projet à la baisse et a sacrifié la vitesse. Le projet, d'un coût d'environ trois milliards et demi de dollars, est financé à 85 % par un emprunt souscrit par les deux gouvernements auprès l'ExIm Bank de Chine sur une période de vingt ans (avec un différé de cinq ans) au taux de 2,5 % (Brînză, 2020)[17].

Le multi-bilatéralisme et les pays du MC17

Pour la Chine, le MC17 est officiellement une composante de sa coopération avec l'Union européenne dans son ensemble (voir figure 17). Le concept de coopération de type *« +1 »* est une pratique utilisée par la Chine dans ces relations dans d'autres aires géographiques, notamment en Afrique, où elle associe des pays avec lesquels elle développe des coopérations économiques (Soulé, 2020). Il s'agit d'un programme-cadre aux contours larges négocié d'État à État et détaillé dans un accord-cadre (MoU) – qui envisage un certain nombre d'actions (réalisation de projets), précise le niveau des financements, les conditions d'octroi des crédits, les conditions de réalisation des projets envisagés.

Au cours de ces dernières années, le volume les échanges de marchandises et de services avec la Chine s'est accru dans la région, de façon toujours asymétrique. En 2020, ils ont progressé de plus de 8 % pour atteindre cent millions de dollars. Lors du récent sommet annuel du MC17 qui s'est déroulé à Pékin en février 2021, le gouvernement chinois, conscient des effets dommageables, a proposé d'accroître l'achat de biens industriels et agricoles en provenance des pays de la région pour plus de 170 millions de dollars.

17 Sa réalisation a été découpée en trois tronçons dont les premier et troisième tronçons ont été confiés à une compagnie chinoise tandis que le second revenait à une entreprise russe. Cette fragmentation des travaux ne relève pas d'une stratégie de diversification des risques ou d'un effet de la concurrence entre les établissements financiers chinois et russes, mais d'une recherche d'équilibre entre les principaux partenaires commerciaux de la Serbie (États-Unis, Union européenne, Russie et Chine).

Figure 17. – Carte des pays du mécanisme de coopération 17 +1

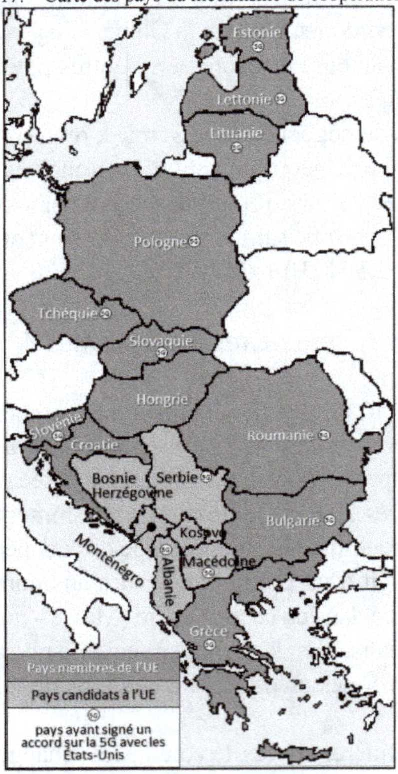

Source : carte réalisée par les auteurs.

Les firmes chinoises procèdent à l'acquisition d'entreprises locales, plus modestement à la réalisation d'investissements vierges plutôt dans les pays du nord-est. Au sud, elles effectuent principalement des prestations de services dans le secteur des infrastructures : construction et modernisation des secteurs des transports ferroviaire, portuaire et autoroutier, de l'énergie (centrales thermiques et nucléaires) et des mines.

L'offre chinoise répond à des besoins dans des domaines dont la modernisation et le développement ont été longtemps négligés et dont le niveau reste insuffisant en dépit du soutien aux investissements structurels dans les programmes de préadhésion à l'UE (voir tableau 11).

Tableau 11. – Performance et qualité logistique (2018)

Pays	IPL*	Qualité**	Pays	IPL*	Qualité**
Allemagne	100	4,4	Roumanie	66	2,9
Autriche	95	4,2	Croatie	66	3,0
France	89	4,0	Bulgarie	64	2,8
Espagne	88	3,8	Slovaquie	63	3,0
Italie	86	3,9	Lituanie	63	2,7
Tchéquie	84	3,5	Serbie	58	2,6
Pologne	79	3,2	Lettonie	57	3,0
Hongrie	76	3,3	Bosnie-Herzégovine	56	2,4
Slovénie	72	3,3	Monténégro	55	2,6
Estonie	72	3,1	Macédoine du Nord	53	2,5
Grèce	69	3,2	Albanie	52	2,3

Source : Base de données en ligne de la Banque mondiale à https://databank.worldbank.org/source/logistics-performance-index-(lpi)
Notes : * : IPL = Indice de performance logistique en pourcentage de l'indice le plus élevé.
** : Qualité = Qualité des infrastructures liées au commerce et au transport, score (1=faible à 5=élevé).

La faiblesse du montant des IDE chinois dans le cadre du MC17 s'explique différemment au nord et au sud. Dans les pays baltes et les quatre pays du groupe de Visegrád (Hongrie, Pologne, Tchéquie et Slovaquie), les privatisations massives d'entreprises ont eu lieu au cours des années 1990 et au tout début des années 2000 ; elles ont provoqué un afflux important d'investissements directs au moment où l'ouverture et l'internationalisation de l'économie chinoise n'en étaient qu'à leur tout début. Aussi, à part quelques acquisitions, les firmes chinoises (principalement non publiques) réalisent des investissements *ex-nihilo* à la fois pour développer leurs marchés, acquérir des compétences (centre de recherche) notamment dans l'industrie électronique. Dans les pays des Balkans (BO6) ce sont les faibles coûts salariaux et la proximité des marchés ouest européens développés qui auraient pu attirer les firmes chinoises. Mais la désintégration le déclin industriel et l'absence d'investissements pendant près de deux décennies ont fortement limité les opportunités pour les acquéreurs chinois à l'exception de quelques grands complexes rencontrant des difficultés à se restructurer (Serbie) ou bien permettant un accès à des ressources minières (Serbie) ou énergétiques (Albanie). Les firmes européennes, également présentes, ont davantage concentré leurs investissements dans les secteurs des services (finance, distribution, immobilier).

Cette opposition régionale est soulignée par les résultats de l'analyse en correspondances principales de la figure 18 qui met à jour un élément supplémentaire. Les deux premiers axes résument 75 % de l'information. Sur l'axe horizontal, on trouve à gauche les six pays des Balkans occidentaux qui sont caractérisés par l'importance de leur secteur agricole tandis qu'à droite on trouve les pays déjà membres de l'UE qui sont caractérisés par l'importance de leur secteur des services et dans une moindre mesure, par l'importance de leur PIB par habitant.

Figure 18. – La Chine et les pays du MC17

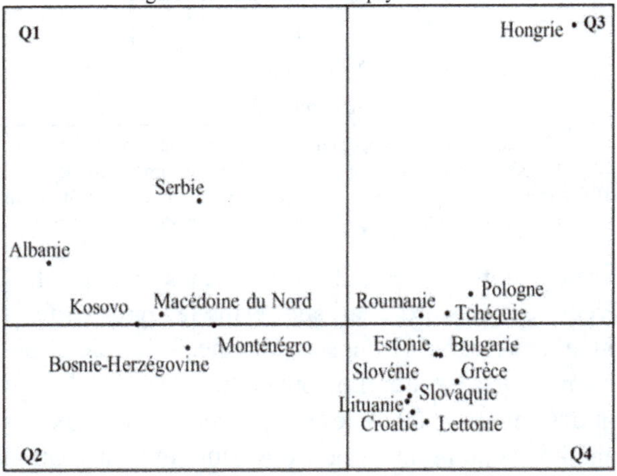

Source : Calculs des auteurs à partir des communiqués du MOFCOM disponibles à http://fec.mofcom.gov.cn/article/tjsj/tjgb/
et la base de données en ligne de la CNUCED à https://unctadstat. unctad.org.

L'axe vertical offre une indication de la présence chinoise relativement aux IDE : les IDE chinois sont corrélés aux IDE totaux (la Chine investit là où les autres investissent), et avec l'importance des IDE relativement au PIB. Ce sont également les pays qui ont le plus développé leurs échanges commerciaux avec la Chine qui bénéficient des IDE chinois les plus importants. De ce point de vue, la Hongrie est emblématique. Il est notable que la variable « prestations de services » (construction) ne soit pas significative pour distribuer les pays

Ces dernières années, l'importance de la présence chinoise au sein des 17 (voir tableau 12) s'est quelque peu déplacée vers les BO5 avec la part croissante qu'ont prise les investissements en infrastructures réalisés à la demande des gouvernements de la région qui ont sollicité des entreprises et des banques chinoises pour les construire. De 2003 à 2019, les contrats d'EPC commandés par la Grèce et la Serbie ont représenté 23 % et 19 % de la valeur des contrats de la région. En ce qui concerne les investissements directs chinois, la Serbie et la Bulgarie arrivent largement en tête devant la Grèce avec respectivement 34 %, 31 % et 13 %, mais leur montant (très faible) est très largement inférieur à celui des contrats d'EPC.

La présence chinoise dans la région se traduit par une offre de produits, l'acquisition d'actifs notamment dans les domaines énergétiques et miniers, les réalisations, peu nombreuses, d'investissements vierges, plus en aval, dans les secteurs de l'industrie automobile, les télécommunications, les services, notamment l'installation de petites entreprises commerciales familiales.

Tableau 12. – Investissement et prestation de services dans les BO5

Pays classés en fonction des IDE chinois cumulés entre 2003-2019	**Contrats d'EPC achevés** (millions de dollars)	**Cumul des flux d'IDE chinois** (millions de dollars)	**Rapport IDE/ contrats** (%)	**Rapport contrats/ IDE** (multiple)
Serbie	2 222	332	15,0 %	6,7
Bulgarie	1 078	299	27,7 %	3,6
Grèce	2 764	121	4,4 %	22,8
Croatie	279	88	31,7 %	3,2
Slovénie	37	62	170,0 %	0,6
Monténégro	1 609	52	3,2 %	31,2
Bosnie-Herzégovine	615	18	2,9 %	34,6
Albanie	551	3	0,5 %	199,7
Roumanie	1 586	0	0,0 %	
Macédoine du Nord	1 146	-12	-1,0 %	-99,6
Total	11 887	964	8,1 %	12,3

Source : Calculs des auteurs à partir des annuaires statistiques disponibles à http://www.stats.gov.cn/tjsj/ndsj/ et des communiqués statistiques du MOFCOM disponibles à fec.mofcom.gov.cn/article/tjsj/tjgb.

Notes : EPC = Engineering, Procurement and Construction [Ingénierie, Approvisionnement et Construction], IDE = investissement direct étranger.

Dans le domaine des échanges, une partie des exportations chinoises dans la région comprend des biens d'équipement, des moyens de transport (fourniture d'autobus, de locomotives, de matériel ferroviaire,) voire de matériel militaire (fourniture de drone à la Serbie, de vedettes au Monténégro), qui viennent en complément de l'activité de construction et de modernisation d'infrastructures portuaires et de transport.

Dans le domaine des IDE, l'attractivité de la région est présentée par les pays hôtes comme un atout : marchés en croissance avec une forte demande notamment pour des produits alternatifs moins chers que les produits occidentaux. Ces marchés disposent d'une main-d'œuvre de qualité, peu chère, même par rapport à la main-d'œuvre chinoise des zones côtières dont les salaires sont plus élevés. La localisation d'activités dans la région peut créer un avantage concurrentiel dans le cas d'exportation vers les marchés de l'UE. Dans ce contexte, la Serbie fait valoir sa position particulière : pays en voie d'accession à l'UE, elle a signé des accords de libre-échange avec la Russie et l'Union économique eurasiatique, avec la Turquie, les pays du Golfe tout en bénéficiant de l'avantage de son statut de pays en pré-adhésion à l'UE. La région des Balkans peut constituer une solution de repli pour les firmes chinoises à bas coûts qui peinent à entrer sur les marchés européens très concurrentiels dans certains secteurs. Une firme chinoise produisant des pneumatiques s'est ainsi installée en Serbie faute de pouvoir s'installer en Slovaquie. Mais, ce statut de pays à bas coûts, disposant d'une main-d'œuvre de qualité, proche des marchés développés européens n'est pas limité aux seuls pays de la région. Les pays du sud de la Méditerranée jouissent d'un accès privilégié avec les marchés de l'UE.

Pour ce qui relève des acquisitions, la Chine est présente dans les secteurs de l'extraction minière, de la sidérurgie, de l'énergie. L'achat – le rachat plutôt – de firmes régionales s'est porté vers des firmes que des repreneurs étrangers ou les gouvernements locaux n'ont pas réussi à restructurer. C'est le cas de la grande aciérie serbe Smederevo, cédée contre un dollar symbolique par son acquéreur américain et revendue à un repreneur chinois, Hebei Iron and Steel, qui après une importante recapitalisation et la promesse de conserver 5 000 emplois, en a fait la toute première entreprise exportatrice serbe vers l'Union européenne. La Zijin Mining Group a également acquis l'entreprise publique serbe RTB Bor qui extrait le cuivre. Là aussi l'investissement chinois s'est révélé très positif, car la firme est rapidement devenue profitable. Toutefois, comme pour l'entreprise sidérurgique, sa gestion soulève un certain nombre de critiques à la fois sur le statut des travailleurs qui y sont employés et sur la protection de l'environnement – à telle enseigne que le gouvernement serbe a été contraint de faire cesser l'exploitation de cette mine de cuivre en raison des dégâts environnementaux qu'elle engendre. En Albanie, la Chine a repris à une firme canadienne l'exploitation pétrolière en mer. Du côté des services, elle a repris, un temps, comme en Slovénie, la gestion d'un aéroport avant de le rétrocéder rapidement à un oligarque local.

Du côté des investissements vierges, les entreprises chinoises sont présentes dans plusieurs secteurs. On citera celui de l'automobile et de ses composants (secteur des batteries électriques, de la production de pneumatiques où la Chine dispose d'une certaine avance technologique) qui esquisse la constitution d'une chaîne régionale de valeur intégrant des sociétés chinoises implantées dans plusieurs pays (Croatie, Serbie). Ce secteur dans cette région n'est pas très florissant. Dans la région, la firme serbe Zastava, contrôlée à présent par le groupe Stellantis (PSA allié à Fiat-Chrysler), produit très peu d'automobiles. En Bulgarie, le constructeur automobile chinois Great Wall s'est associé avec une compagnie financière bulgare pour fonder la compagnie Litex Motors qui a jeté l'éponge au bout de cinq années d'activité. C'est un cas de figure intéressant à plusieurs titres. Tout d'abord, avant cet échec, la Bulgarie, avait connu depuis le changement de système politique trois échecs avec les constructeurs automobiles : Fiat, Renault puis Rover. Le partenaire chinois s'est associé à un oligarque local sulfureux doublé d'un escroc qui a fait fortune au cours des privatisations « entre copains » qui ont été réalisées en Bulgarie à la fin des années 1990 et au début des années 2000. Le modèle industriel était l'assemblage sur place de composants provenant de Chine en vue de vendre les automobiles sur le marché national, un marché très étroit avec un pouvoir d'achat limité et servir de base pour conquérir les marchés européens déjà fortement concurrencés sur le segment choisi (bas et moyen de gamme). En dépit du support apporté par le gouvernement (réductions fiscales, achats d'automobiles pour l'administration) la firme n'a pas pu augmenter ses ventes. Rapidement des dirigeants de l'entreprise conjointe ont décidé de mettre fin à cette aventure.

À l'opposé, les IDE dans le secteur des télécommunications connaissent un grand essor. L'entreprise Huawei – une entreprise chinoise de droit privé[18] – est présente dans la région notamment en Serbie depuis 2007. Huawei a participé à plusieurs projets notamment l'installation d'infrastructures de vidéo-surveillance policière intelligente (reconnaissance faciale), d'information et de communication. Elle participe actuellement dans le pays à l'installation d'infrastructures pour l'internet à haut débit. Les pressions exercées par les États-Unis auprès des gouvernements de la région – et d'ailleurs – à rejoindre la *Clean Network Initiative*, ont conduit plusieurs gouvernements des Balkans à cesser leur coopération avec l'équipementier chinois Huawei pour l'installation de la technologie 5G. La Serbie qui a signé à l'automne 2020 un engagement auprès du gouvernement américain à ne pas coopérer avec la firme chinoise a néanmoins récemment désigné cette dernière comme maître d'œuvre pour le déploiement de la technologie de la 5G sur son territoire.

La réalisation souvent coûteuse des projets confiés à des entreprises chinoises a parfois généré des surcapacités (centrales thermiques en Bosnie-Herzégovine), des conséquences environnementales négatives, des utilisations sous-optimales (autoroute au Monténégro) par rapport aux projets similaires financés par l'UE à travers ses prêts, voire ses dons, moins nombreux, mais plus exigeants en termes de faisabilité, de rentabilité, de respect de l'environnement (voir encadré 3).

Encadré 3. – Monténégro : L'autoroute qui ne mène nulle part…

Le cas de la construction de l'autoroute Bar-Boljare et de l'incapacité du gouvernent monténégrin à faire face au remboursement de la première tranche des travaux réalisés illustre à la fois les pratiques chinoises et le comportement des bénéficiaires dans le cadre du MC17 – mais aussi ailleurs.

Le projet : le gouvernement monténégrin (un petit pays de 600 000 habitants, bordé par l'Adriatique à l'ouest et les montagnes au nord-est) cherche à développer ses infrastructures routières. Les études de faisabilité conduites par des bureaux d'études français (2006) et américains avaient déconseillé la construction de cette autoroute. Les experts, soutenus par la Banque européenne d'investissement et la Banque européenne pour la reconstruction et le développement avaient suggéré des projets alternatifs en raison à la fois du coût élevé de la construction, des risques financiers et environnementaux. Il s'est avéré que le coût de la construction d'un premier tronçon d'une quarantaine

18 Huawei est une société de personnes en nom collectif dont le capital est détenu par ses salariés et dont le statut n'impose pas la publication annuelle des résultats. À l'exception du fondateur-propriétaire qui détient 1 % du capital, le reste est indivis. Quand les salariés actionnaires quittent l'entreprise, ils ne conservent aucune partie du capital à l'instar de la firme autogérée yougoslave.

de kilomètres était le plus élevé au monde (vingt millions de dollars le kilomètre) en raison du nombre des travaux de maîtrise d'œuvre (60 ponts, 90 tunnels). En termes de rentabilité, les revenus escomptés de l'usage de l'autoroute ne couvriraient pas le coût annuel de maintenance de l'autoroute. En outre, les coûts effectifs sont sous-évalués, car le constructeur chinois et ses sous-traitants locaux ne paient ni la TVA, ni les droits de douane des importations liées à la réalisation du chantier, ni les charges sociales, ni certains intrants fournis gratuitement (électricité) par le gouvernement monténégrin. L'emprunt souscrit auprès de l'ExIm Bank de Chine, qui s'ajoute à un niveau d'endettement déjà significatif, a fait bondir le taux d'endettement du pays (sa dette équivaut au montant de la production annuelle du pays) et le met dans une grande difficulté pour honorer aujourd'hui la première tranche du crédit venant à échéance.

Le cadre institutionnel : le gouvernement monténégrin a approché une entreprise chinoise pour réaliser le projet, puis la banque publique chinoise ExIm pour le financer à hauteur de 85 % pour une somme avoisinante un milliard de dollars remboursables en 14 ans à un taux de 2 % avec une période de maturité de cinq ans. La majeure partie des travaux a été confiée une entreprise publique, la China Bridge and Road Construction.

La partie chinoise a fait figurer dans l'article 8 du contrat une clause prévoyant une procédure arbitrale afin que les parties puissent résoudre leurs éventuels différends. Pour ce faire, il prévoit très banalement que « L'emprunteur renonce irrévocablement à toute immunité en raison de sa souveraineté ». En outre, la partie chinoise impose que le débiteur défaillant donne priorité à la Chine sur ses autres créditeurs.

La rapidité avec laquelle les parties sont arrivées à un accord montre qu'elles n'ont pris en compte ni les études de faisabilité ni celles de rentabilité et de capacités monténégrines de remboursement, mais ont privilégié l'absence de conditionnalité politique dans l'allocation chinoise de crédit.

Cette situation génère-t-elle un « piège de la dette » ? Peut-être, mais un piège dont la Chine est finalement victime faute d'avoir été plus transparente et plus rigoureuse dans sa décision d'accorder des prêts dont elle connaît certainement le niveau de risque encouru. Pour autant l'UE paiera-t-elle ? Sans doute non, car ce serait se substituer au Monténégro au seul bénéfice de la Chine et encourager d'autres pays à faire autant. En revanche, l'UE pourrait en échange d'un soutien indirect, contraindre le pays à réformer en profondeur son système fiscal et à procéder à des privatisations.

À la suite de négociations entre des banques publiques européennes – KfW (Allemagne), AFD (France) et CDP (Italie) – et la China ExIm Bank, il a été signé un contrat d'échange (swap) aux termes duquel la dette chinoise est convertie du dollar à l'euro, le taux d'intérêt de 2 % en dollars est ramené à 0,88 % en euros, la période de grâce est étendue sur six années et le remboursement s'étendra sur vingt ans. Si la banque chinoise reste la créancière, l'accord assure une économie budgétaire de huit millions d'euros grâce à la réduction du taux d'intérêt et du risque de change (SERS, 2021, p. 4).

Les firmes chinoises réalisent également des opérations qui ne sont plus ou – ne devraient plus en théorie – être possibles dans ces pays en raison des engagements écologiques du gouvernement chinois et des pays récepteurs (cf. l'« Agenda vert » pour les Balkans occidentaux) telles la modernisation et l'extension de centrales thermiques en Bosnie et en Serbie, la construction d'une mine de charbon en Bosnie-Herzégovine. Ces travaux vont à l'encontre des réglementations européennes et des obligations souscrites par les pays en accession à l'UE dans ce domaine. En outre, la Bosnie-Herzégovine, face à des surcapacités énergétiques, devra chercher à exporter une partie de la production afin de pouvoir rembourser les crédits qu'elle a souscrits auprès des banques chinoises. La présence chinoise tire avantage des plus faibles contraintes des réglementations européennes pour l'application des diverses normes techniques, sociales, environnementales, ainsi que des règles de soumission aux appels d'offres. De surcroît, les réglementations nationales ne s'appliquent pas toujours aux entreprises chinoises qui réservent parfois un statut peu enviable à la main-d'œuvre qu'elles emploient sur les chantiers, dans les mines ou la sidérurgie comme le rappelle parfois la presse locale (Dragojlo, 2021 ; Filipović, 2021).

Au Monténégro, nous l'avons vu (voir encadré 3), mais aussi en Bosnie-Herzégovine, la charge de la dette conduit le gouvernement à chercher des solutions pour faire face au service de la dette dont celle due aux banques chinoises. Toutefois, exception faite de ces deux pays, la dette chinoise reste limitée dans la région (voir figure 19).

Figure 19. – Endettement à l'égard de la Chine (en millions de dollars et en part du PIB en 2019)

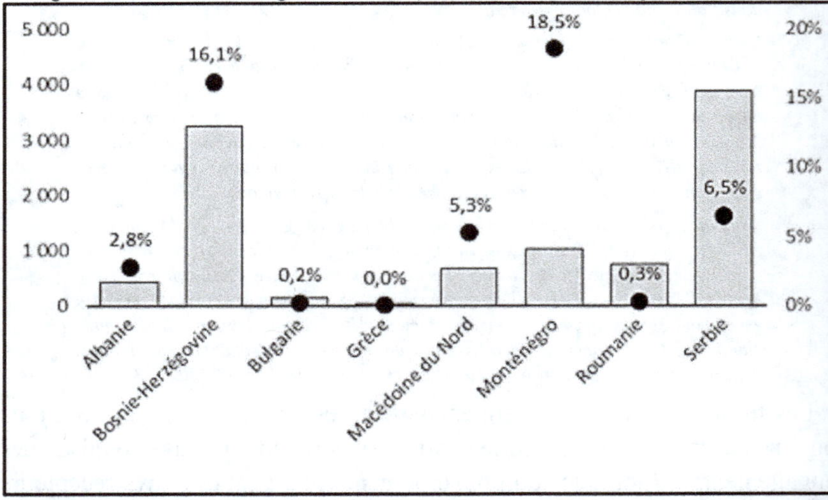

Sources : Calcul des auteurs à partir de CSD (2021, p. 5) et de la base de données en ligne de la Banque mondiale à https://databank.worldbank.org/source/inter national-debt-statistics.

En résumé, les opérations réalisées ou projetées par les firmes chinoises dans la région entre 2010 et 2018, principalement des entreprises publiques se distribuent en trois catégories : énergie, transports et autres (Zakic et Radisic, 2019). Dans la catégorie de l'énergie, les opérations concernent pour un tiers le charbon, mais aussi les énergies alternatives, le gaz et le pétrole majoritairement sous la forme de prêts octroyés aux gouvernements locaux, le reste l'est par des acquisitions et des investissements vierges. Dans celle des transports, les opérations concernent la reconstruction/construction de routes, d'autoroutes, de lignes de chemin de fer, les transports maritimes, l'aviation, l'automobile. Dans la dernière catégorie, les IDE se distribuent parmi l'immobilier, la distribution, la logistique, les métaux, la santé, la construction, les télécoms, l'automobile, l'aviation.

À ce stade de l'analyse, il est trop tôt pour apprécier l'effet de la présence chinoise dans la région sur le plan économique, les retombées en termes d'accroissement des échanges, sur la création d'emploi.

Les retards accumulés dans la réalisation de ce projet, comme dans d'autres, a conduit plusieurs pays de la région à s'interroger sur l'intérêt de ce type de collaboration, ainsi la Bulgarie et la Roumanie n'ont pas donné suite à des projets envisagés de longue date (autoroutes, tunnels, ports). Les États-Unis qui n'acceptaient pas la présence chinoise proche de leurs bases militaires dans la région ont assurément fait pression pour décourager ces projets. La réactivation des plans d'intégration de l'UE en direction des pays de la région, les perspectives offertes par les plans de relance européens post-covid 19 expliquent aussi ces réticences.

Au-delà de la présence économique, quelle influence ?

La présence chinoise dans l'Europe du Sud-Est, bien réelle, conduit les observateurs à s'interroger sur son impact au-delà de son aspect purement économique. Sur les « futures terres » de l'Union européenne, la Chine n'est pas le seul pays à chercher à imposer son influence : *soft power* turc (Kosovo, Albanie, Bosnie) dans les domaines culturels et religieux (construction de lieux de culte), influence russe de longue date, quelquefois musclée récemment dans le jeu démocratique au Monténégro, en Macédoine du Nord, en Bulgarie (contre l'adhésion à l'OTAN), économique dans le domaine de l'énergie (investissements de Gazprom, tronçon du gazoduc russe Turkstream) ; investissements des pays du Golfe en Serbie.

La Chine domine largement les autres partenaires tant par le volume des échanges, le niveau des investissements et celui des prestations de services dans le domaine des infrastructures. La Serbie se distingue avec la signature d'un traité de libre-échange avec la Russie, d'un partenariat stratégique avec la Chine et par ses coopérations militaires avec ces deux puissances[19].

La Chine a essayé de tirer politiquement profit de sa présence dans les 17, notamment dans le sud-est de l'Europe en pratiquant la « diplomatie des masques » (une aide gratuite et généreuse en apparence, mais payante en réalité) qui a été très mal accueillie par les dirigeants de l'UE alors qu'elle-même avait, plus discrètement, apporté un soutien plus important dès le début de la pandémie. Elle espère reconquérir une certaine image grâce à une « diplomatie des vaccins » qu'elle va déployer à travers le monde (en développement) et éventuellement parmi les 17 (en Hongrie et en Serbie). La pandémie, en général, et dans les Balkans en particulier a eu pour effet de ralentir voire stopper des chantiers faute de pouvoir recevoir le matériel et faire venir de la main-d'œuvre chinoise. On est entré dans une phase de démondialisation-remondialisation qui pourrait modifier profondément les échanges avec la relocalisation d'activités, à certaines conditions, dans les pays proches des grands marchés européens, modifiant en profondeur les chaînes internationales de valeur, réduisant leur dépendance à la Chine pour l'importation de produits bon marché.

Le mécanisme de coopération à 17 est une composante du projet des nouvelles routes de la soie qui se déploie à l'est et au sud-est de l'UE. Il s'inscrit dans le projet plus vaste d'une stratégie différenciée devant permettre aux firmes chinoises d'atteindre plusieurs objectifs en Europe : recherche de marchés, recherche d'actifs, accès aux ressources. Le projet est à la fois une porte d'entrée pour ces entreprises à la recherche de nouveaux marchés, un complément, sinon une alternative, pour les pays hôtes qui émergent doucement d'une longue transition marquée par leur ouverture, la réorientation de leurs échanges, les changements institutionnels.

---

19 L'accord de libre-échange entre la Serbie et l'Union économique eurasienne (UEE), signé à Sotchi en 2019 est entré en vigueur le 10 juillet 2021, le partenariat stratégique signé avec la Chine remonte à 2009.

Les investissements des pays de la région dans les infrastructures, en dépit des diverses critiques formulées sur les modes de financement, l'opacité des règles d'attribution des contrats, la façon dont ils sont conçus et réalisés, devraient contribuer au désenclavement de ces pays. Outre les problèmes financiers, réglementaires, environnementaux déjà évoqués, se pose également la question du « ruissellement » de ces investissements en infrastructure : vont-ils susciter des investissements vierges en provenance de Chine – ou d'ailleurs ? C'est sans doute là le point faible de la présence chinoise au sein des pays du MC17 et en particulier de ceux des BO5 où les entreprises privilégient massivement les acquisitions et les prestations de services sans faire réellement preuve d'esprit d'entreprise.

• • • Chapitre IV – Les dix pays méditerranéens du MENAT et la Chine

L'acronyme MENAT (*Middle East, North Africa and Turkey*) est une classification géographique qui ne reçoit aucune définition officiellement admise l'établissant comme catégorie géopolitique et/ou géo-économique. Aussi n'est-il pas étonnant que les dix pays *méditerranéens* du MENAT ne constituent pas un sous-ensemble géoéconomique cohérent comparable à celui que forment les pays d'Europe du Sud-Est ouverts sur la Méditerranée et sur l'Union européenne – qu'ils soient membres ou postulants. Ils ne constituent pas non plus un sous-ensemble géopolitique ordonné tant leurs intérêts peuvent diverger ; les conflits entre l'Algérie et le Maroc, entre Israël et ses voisins, entre le Liban et la Syrie, entre les factions libyennes… sans compter l'interventionnisme turc, bref tout en témoigne. Certes, tous ces pays ont été à des degrés divers les colonies des pays européens développés, mais certains se sont rangés dans le camp occidental et ont adhéré au GATT et à l'OMC, tandis que d'autres se réclamant du nationalisme arabe et du non-alignement ont entretenu des relations étroites avec l'URSS et ont bien souvent retardé leur accession à l'OMC. Comme l'a montré Jean-Christophe Defraigne (2019), ces facteurs ont souvent été déterminants dans le choix de la Chine comme partenaire.

En revanche, ces dix pays ont en commun d'être engagés dans le processus de Barcelone lancé en 1995 et d'être membres du partenariat commercial Euro-Méditerranéen (Euro-Mediterranean Partnership) dit Euromed lancé par l'Union européenne (Euromed, 2020). Dès lors que l'objectif de ce partenariat est la création d'une zone de libre-échange euro-méditerranéenne, la présence économique chinoise en Méditerranée peut être perçue comme une concurrence inopportune profitant d'avantages qui ne lui étaient pas destinés. Dans ce chapitre, nous nous interrogerons dans un premier temps sur l'état de la concurrence entre l'Union européenne et la Chine, puis nous examinerons différentes stratégies à « caractéristiques chinoises » visant à organiser des présences chinoises dans les dix pays méditerranéens du MENAT (par la suite 10PMM).

Échanges commerciaux et suprématie européenne

Au cours des vingt dernières années, nous observons un recul commercial relatif de l'Union européenne. Certes, si les 28 pays européens – tant comme fournisseurs que comme clients des 10PMM – perdent des parts de marché au profit de la Chine, le montant des échanges a considérablement augmenté (voir tableau 13). Les importations de produits européens ont été multipliées par deux et demi entre 2000 et 2019 tandis que les exportations vers l'Europe étaient multipliées par près de trois. En 2019, les importations de produits chinois représentaient près du tiers de celles en provenance d'Europe tandis que les exportations de produits à destination de l'Europe étaient d'un montant treize fois supérieur à celui des produits à destination de la Chine.

Tableau 13. – Commerce de marchandises (2019)

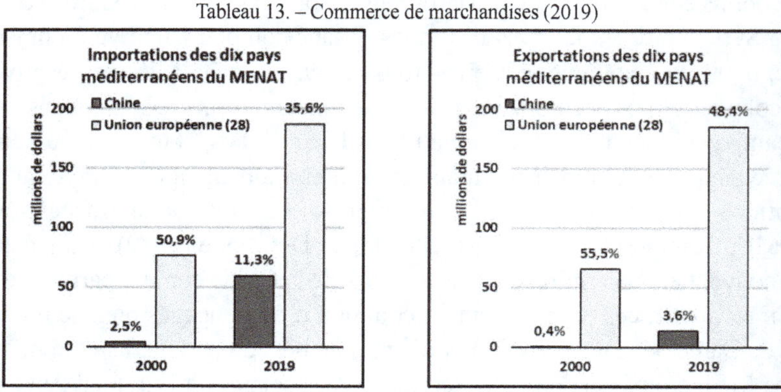

Source : Calculs des auteurs à partir de la base de données en ligne de la CNUCED à https://unctadstat.unctad.org.

Le tableau 14 donne pour les dix pays méditerranéens du MENAT la liste de leurs cinq principaux fournisseurs. Exception faite de la Palestine dont le premier fournisseur est Israël, tous les autres 10PMM ont comme premier fournisseur l'Union européenne qui pourvoie à 35,6 % de leurs importations. La Chine, avec 11,3 % de leurs importations arrive au premier rang des fournisseurs *non européens* sauf pour la Turquie et Israël, le premier préférant la Russie, le second les États-Unis, chacun pour des raisons politiques évidentes. Les États-Unis et la Russie (respectivement 7,0 % et 6,2 % des importations des 10PMM) se disputent la troisième place. À la cinquième arrive la Turquie (2,9 % des importations des 10PMM) qui est le seul pays parmi les 10PMM qui fasse significativement du commerce avec les aux autres pays de la zone.

Tableau 14. – Principaux fournisseurs en 2019

Pays	1er	2e	3e	4e	5e
Algérie	UE	Chine	Afrique du S.	Tunisie	Argentine
Égypte	UE	Chine	Arabie s.	États-Unis	Russie
Israël	UE	États-Unis	Chine	Turquie	Suisse
Liban	UE	Chine	États-Unis	Turquie	Russie
Libye	UE	Chine	Turquie	Corée du S.	Égypte
Maroc	UE	Chine	États-Unis	Turquie	Russie
Palestine	Israël	UE	Turquie	Chine	Jordanie
Syrie	UE	Chine	Turquie	Russie	Ukraine
Tunisie	UE	Chine	Algérie	Turquie	États-Unis
Turquie	UE	Russie	Chine	États-Unis	Inde

Source : voir tableau 13.

Les importations chinoises pouvaient être soumises à des quotas temporaires par l'application du « mécanisme de sauvegarde transitoire »), mais depuis 2013 seules l'Algérie, la Libye et la Syrie, qui ne sont pas membres de l'OMC, mais des observateurs, peuvent encore imposer des limitations. De surcroît, plusieurs pays dont l'Algérie, le Maroc, l'Égypte, Israël et la Syrie ont accordé à la Chine le statut d'économie de marché, limitant *ipso facto* les possibilités de recourir à de mesures *antidumping*. Par suite, il ne pouvait s'en suivre qu'une accentuation de la pénétration chinoise. Sur la base des données relatives aux années 2001 et 2016, Jean-Christophe Defraigne (2019, p. 110) constatait que la pénétration chinoise était plus importante dans les économies fermées (Algérie, Égypte, Syrie, Libye) que dans celles plus ouvertes (Maroc, Tunisie, Israël…). Ce constat reste avéré en 2019 même si les écarts tendent à se réduire (voir figure 20).

Figure 20. – Parts de marché de la Chine dans les importations des 10PMM en 2019

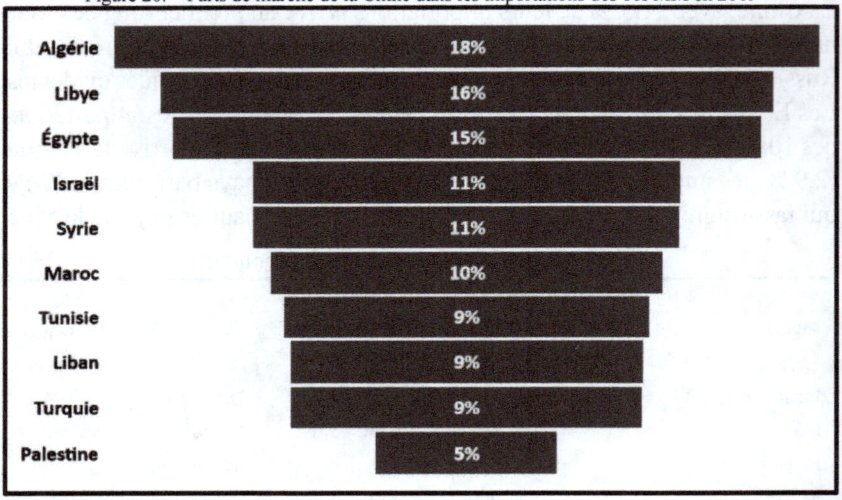

Source : voir tableau 1.

Les statistiques douanières du commerce de marchandises sont insuffisantes pour mesurer l'influence économique respective de l'Union européenne et de la Chine. Alors que la présence chinoise est principalement le fait d'entreprises localisées en Chine qui exportent leur production, celle des entreprises européennes relève davantage de filiales établies dans les pays méditerranéens ayant des liens historiques et économiques avec les pays de l'Union européenne. La Turquie, par exemple, qui apparaît sept fois comme l'un des principaux fournisseurs non européens des 10PMM, se distingue en particulier par ses exportations de voitures de marques Renault et Ford[20]. Ainsi en 2019, la Turquie a exporté près de 90 000 voitures pour une valeur d'un milliard de dollars vers les 10PMM contre moins de 60 000 pour la Chine pour une valeur de 300 000

20 Les usines Ford Otosan en Turquie ont commencé à partir des années 1960 à produire des berlines reproduisant des modèles anglais puis allemands ; actuellement la production s'est recentrée sur les véhicules utilitaires légers européens.

millions de dollars[21]. Mais ce qui complique encore la comparaison est que le secteur automobile à moteur thermique en Chine est contrôlé à 80 % par les grands constructeurs automobiles occidentaux. Par exemple les camions Shacman sous licence Man ou Foton sous licence Daimler que les constructeurs automobiles chinois pourraient vendre aux 10PMM – comme ailleurs dans les pays en voie de développement – sont avant tout l'expression non de l'internationalisation des entreprises chinoises, mais de la mondialisation des entreprises européennes qui ont accordé les licences.

Investissement et suprématie européenne

Tableau 15. – Stocks d'IDE constitués dans les 10PMM (2017)

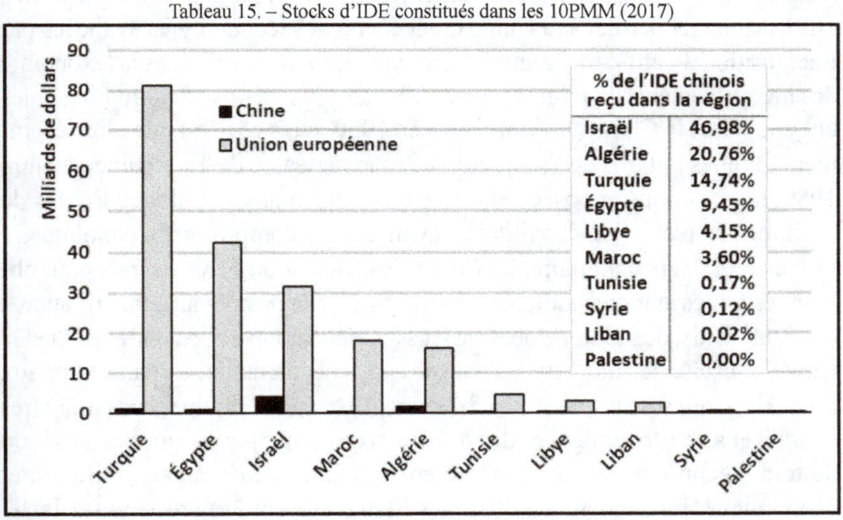

Sources : Calculs de l'auteur à partir des communiqués du MOFCOM disponibles à http://fec.mofcom.gov.cn/article/tjsj/tjgb/ et des données d'Eurostat à https://ec.europa.eu/eurostat/fr/.

Comme nous venons de le suggérer, cette pénétration se manifeste également par les IDE que les différents acteurs peuvent avoir effectués dans les 10PMM

21 Calculs des auteurs à partir de la base de données en ligne de COMTRADE à https://comtrade.un.org/data. Notons qu'à côté de Renault et Ford, Toyota et Hyundai sont aussi présents en Turquie (Sezgin et Çakmak, 2020).

(voir tableau 15). La constatation immédiate est la différence d'ampleur des stocks d'IDE : en 2017, le stock d'IDE chinois dans la région MENAT est de 4,4 % de celui constitué par les pays de l'Union européenne[22]. Certes, des raisons d'ordre historique expliquent cette situation, mais très certainement aussi des raisons de stratégie économique générale évoquées dans le chapitre 1. Ce que nous remarquons également d'emblée est le rôle prééminent joué par Israël qui dispose de près de la moitié du stock chinois d'investissement dans les 10PMM. Toutefois à l'échelon du pays, le montant de ce stock est à la fois faible et remarquable. Faible, car il n'est que de 3 % du stock total d'IDE reçu par Israël contre 24 % et 22 % respectivement pour les stocks d'IDE reçus des pays de l'Union européenne et des États-Unis. Remarquable, car il résulte de flux d'investissements principalement réalisés sur trois ans à partir de 2014.

Le cas d'Israël est assez unique, car contrairement aux autres pays des 10PMM, Israël permet à la Chine d'accéder à des technologies avancées par l'acquisition d'actifs stratégiques – *strategic asset-seeking* – dans la taxonomie des investissements de John Dunning (2008, p. 67-74). Les relations bilatérales entre Israël et la Chine ont commencé en 1950, mais ce n'est que plus récemment qu'elles ont pris de l'ampleur. Après le massacre de Tian'anmen en juin 1989, les sanctions imposées par les pays occidentaux ont bloqué l'accès de la Chine aux technologies militaires avancées – y compris aux technologies à usage mixte civil et militaire. La Chine s'est alors tournée vers Israël pour obtenir les armes et les technologies militaires qu'elle ne pouvait acquérir auprès des États-Unis, de l'Europe ou de la Russie. Cette coopération entre Israël et la Chine a suscité des inquiétudes dans les pays occidentaux, en particulier aux États-Unis, qui sont le plus grand fournisseur étranger d'équipements militaires à Israël et à ce titre craignent des transferts de technologies américaines – ou de toute technologie – qui donneraient à la Chine un avantage militaire et économique. Finalement, en 2019, les États-Unis ont fait pression sur Israël pour qu'il limite ses liens technologiques avec la Chine, en menaçant Tel-Aviv de suspendre son soutien en technologies militaires. L'actuelle inimitié sino-américaine a eu toutefois pour conséquence un refroidissement des relations sino-israéliennes marqué par un soutien assez cynique aux Palesti-

22 Nous prenons comme référence l'année 2017, car Eurostat, qui est le site d'accès à la base de données statistiques européenne, n'a pas été en mesure d'actualiser ses données pour 2018 et 2019 à l'heure où nous écrivons ces lignes.

niens afin de détourner l'attention des nations musulmanes de son outrageuse campagne d'assimilation forcée des musulmans au Xinjiang.

Selon une étude récente (Efron, Schwindt et Haskel, 2020), c'est essentiellement par le biais du capital-risque que les entreprises chinoises ont formé des coentreprises ou pris le contrôle de jeunes pousses israéliennes qui développent des technologies sensibles que ce soit dans la biotechnologie, l'agrobiologie l'intelligence artificielle, l'apprentissage automatique, l'analyse des données, la robotique la sécurité informatique, les micro-processeurs…

Au second rang des pays destinataires des IDE chinois arrive l'Algérie à laquelle nous pourrions logiquement adjoindre la Libye, car dans ces deux pays l'objectif des investissements chinois est l'exploitation de ressources naturelles – *resource-seeking* –, plus spécifiquement l'exploitation des hydrocarbures, dont ces pays disposent. Des études antérieures (Pairault, 2017b ; Pairault et Fachqoul, 2014) avaient montré que, de 2000 à 2013, l'implication de la Chine dans le secteur des hydrocarbures algériens ne remettait aucunement en cause la prééminence des compagnies occidentales à commencer par les européennes. Les données récentes publiées par le ministère algérien de l'Énergie confirment cette tendance : 66,8 % des IDE ont été le fait de pays de l'Union européenne contre 2,2 % celui de la Chine (voir le tableau 16 qui donne la liste des dix premiers pays ayant investi dans ce secteur au cours de la période 2013-2018). Nous analyserons plus en détail la diplomatie pétrolière chinoise dans les MENAT dans une autre section (voir *infra*).

La troisième destination des IDE chinois est la Turquie (près de 15 % des IDE dans les 10PMM). L'importante réserve de main-d'œuvre bon marché turque a attiré les entreprises européennes qui y relocalisent leurs activités intensives en travail dans les secteurs textile et automobile et ainsi profitent d'un accord d'union douanière avec l'Union européenne pour y importer leur production. Or, les investissements des entreprises chinoises ne semblent pas rechercher en Turquie à améliorer la rentabilité (*efficiency-seeking*), mais bien plutôt à profiter du marché local (*market-seeking*) et se sont principalement tournés vers les secteurs de la finance, de la logistique, de l'énergie et des télécommunications.

Ainsi, deux banques publiques chinoises – l'Industrial and Commercial Bank of China (ICBC) et la Banque de Chine[23] – se sont installées en Turquie

23 À ne pas confondre avec la Banque populaire de Chine qui est la banque centrale chinoise.

respectivement en 2014 et 2017. L'ICBC, la plus grande banque au monde, a pris en 2015 une participation de 75,5 % dans la Tekstilbank *ipso facto* rebaptisée ICBC Turkey, la différence étant échangée en bourse. En 2015 également, un consortium chinois prenait une participation de 65 % dans la société gestionnaire du terminal de Kumport (voir le chapitre 2). En 2016, le groupe chinois d'équipements de télécommunications ZTE a acheté 48 % des parts du fournisseur turc de systèmes intégrés – Netas Telekomunikasyon A.S. –afin de se développer en Turquie. En 2015, un consortium composé de Shanghai Electric Power et d'AVIC-International Project Engineering (90 % des parts) et deux investisseurs turcs s'associaient dans la Emba Elektrik Üretim A.Ş. en vue de monter une centrale à charbon de 1,3 gigawatt dans la province d'Adana dont la construction est confiée en 2017 à la CLP Power Engineering (une entreprise du groupe Power China) ; quant aux travaux, ceux-ci ne commencent qu'en 2019. En 2018, Alibaba décide d'acquérir une participation majoritaire (75 %) dans Trendyol, qui est la plus grande plate-forme d'e-commerce du MENAT, cette acquisition doit permettre à Alibaba d'accéder au marché européen en s'appuyant sur la diaspora turque.

Tableau 16. – L'énergie en Algérie (IDE 2013-2018)

Italie	**19,7%**
France	**16,6%**
Espagne	**12,1%**
Royaume-Uni	**10,5%**
Norvège	**10,1%**
États-Unis	**6,0%**
Allemagne	**4,4%**
Thaïlande	**4,1%**
Vietnam	**3,4%**
Chine	**2,2%**

Source : Ministère [algérien] de l'Énergie (2021)

La liste précédente fait apparaître des investissements peu importants en nombre, mais considérables par leur montant et leur rôle dans l'économie turque. Il y a un autre secteur où les investissements sont assez fréquents mais de montants nettement moindres, celui de l'immobilier de luxe qui attire nombre de candidats chinois à un passeport turc en échange d'un investissement de 250 000 dollars.

Israël, l'Algérie et la Turquie cumulent à eux seuls 80 % du stock d'IDE chinois constitué dans les 10PMM. Si nous y ajoutons l'Égypte, c'est alors à 90 % de ce stock auquel nous faisons référence. Dans ce dernier cas, les investisseurs chinois cherchent à améliorer la rentabilité et l'efficacité (*efficiency-seeking*) d'un processus de production peu capitalistique en profitant du faible coût de la main-d'œuvre locale, de la proximité du marché final (Europe) et des avantages tarifaires. Ces investissements sont réalisés dans un cadre très particulier, celui des zones économiques spéciales dont nous traitons plus loin. En ce sens, le Maroc offre aux investisseurs chinois un cadre voisin sans doute techniquement plus avancé.

Les investissements chinois dans les 10PMM n'ont pas *encore* considérablement bousculé la suprématie de l'Union européenne dans la région, mais celle-ci est aussi questionnée à travers des stratégies spécifiques que nous allons évoquer maintenant.

La diplomatie pétrolière chinoise

La Chine a besoin d'acheter des hydrocarbures pour se développer, certains pays méditerranéens ont besoin de vendre des hydrocarbures pour se développer. Dans quelle mesure ces besoins créent-ils une dépendance de l'un à l'égard du ou des autres ?

La spectaculaire réémergence économique de la Chine a provoqué une augmentation de sa consommation globale d'énergie primaire qui, en quarante années entre le début des réformes en 1978 et 2018, a plus qu'octuplé. Aujourd'hui la Chine est le premier producteur d'énergie primaire au monde ainsi que le premier consommateur d'énergie primaire de la planète, devant les États-Unis. En 2018, sa consommation énergétique représente 17,7 % de la consommation d'énergie primaire globale (contre 6,3 % en 1978), contre 15,9 % pour les États-Unis et 7,9 % pour l'Union européenne. Le mix énergétique de la Chine, c'est-à-dire la combinaison des différentes formes d'énergie qu'elle utilise, reste aujourd'hui dominé par le charbon, le pétrole constituant la seconde plus importante source (respectivement 58 % et 19 %). Le rôle dominant du charbon aurait diminué de quatorze points de pourcentage en dix ans, mais sa consommation aurait augmenté de 17 % dans le même temps.

En septembre 2020, devant l'Assemblée générale de l'ONU, Xi Jinping a déclaré que la Chine attendrait la « neutralité carbone » en 2060. Zhang Xiliang (directeur de l'Institut de l'énergie, de l'environnement et de l'économie de l'université Tsinghua) a montré qu'au cours de la mise en place de cette stratégie, la consommation de pétrole atteindrait un plafond à partir de 2025 qui ne s'infléchirait qu'après 2035.

Avant les années 1990, la Chine avait pu rester isolée du reste du monde en matière pétrolière et reposer sur des gisements qui ont depuis grandement vieilli. Pour compenser une baisse prévisible ou simplement pour maintenir la production pétrolière du pays à son niveau, de nouvelles ressources durent être trouvées dont les coûts d'exploitation étaient très élevés et qui, à plus long terme, n'auraient pu contrebalancer un déficit entre production et consommation lequel ne pouvait que se creuser. C'est ainsi que la Chine est devenue à partir de 1996 importatrice nette de pétrole brut (Kellner, 2006).

L'achat d'hydrocarbures sur les marchés mondiaux est perçu comme un facteur d'insécurité par les autorités chinoises en raison de l'instabilité des prix sur le marché et de l'instabilité politique de certains pays producteurs. Pour pallier ces empêchements, le gouvernement chinois a mis en place une série de mesures économiques et politiques visant à garantir l'approvisionnement énergétique du pays qui s'appuie sur une véritable`« diplomatie pétrolière » qui se fonde, elle-même, sur l'établissement de liens étroits et amicaux avec un large échantillonnage de pays producteurs. C'est ainsi que les tournées diplomatiques des plus importants responsables chinois se sont traduites par la conclusion d'accord de coopération pétrolière – comme en 2004 lors de la visite du président Hu Jintao en Algérie.

Cette stratégie de sécurisation des approvisionnements énergétiques comprend deux volets. Le premier est celui de la politique de diversification des importations pétrolières. Il s'agit pour les autorités chinoises de signer des contrats d'approvisionnement à long terme auprès d'un grand nombre de fournisseurs (Kellner, 2006, p. 447-449). L'Afrique occupe une place de choix dans cette stratégie. En misant sur l'Afrique, les autorités chinoises espèrent ainsi réduire leur dépendance à l'égard du Moyen-Orient, zone jugée instable et demeurant sous contrôle américain. Cette stratégie est un succès si nous observons que la Chine se fournit auprès d'une cinquantaine de pays différents, que l'Afrique compte actuellement pour 20,5 % des importations chinoises de pétrole et que l'Angola est devenu le deuxième fournisseur de pétrole de la Chine, devançant ainsi la plupart des partenaires traditionnels du Moyen-Orient. Malgré cette diversification, les importations chinoises continuent de dépendre pour près de la moitié (42,3 %) du Moyen-Orient. Dans ce schéma, la Libye, l'Algérie et l'Égypte n'occupent qu'une place limitée et n'arrivent respectivement qu'aux 14e, 30e et 28e rangs des fournisseurs de pétrole brut à la Chine en 2019.

Même quand les exportations libyennes ont été à leur plus haut niveau (en 2012), la Libye ne fut que la 12e des fournisseurs de la Chine. La guerre civile a entraîné une diminution drastique de ses exportations qui ont repris après 2016 (voir figure 21). Bien que la production algérienne de pétrole (1,6 % de la production mondiale) dépasse celle de la Libye (1,3 % de la production mondiale), l'Algérie n'est que le deuxième fournisseur méditerranéen de la Chine. Dans ce cas, c'est bien plus tôt un certain épuisement des ressources dans le contexte d'une économie mondiale asthénique allié à une forte augmentation de la consommation intérieure qui expliquent l'évolution de ses exportations. Quant à l'Égypte (0,7 % de la production mondiale), elle couvre à peine ses besoins, ce qui lui laisse peu de possibilités pour exporter d'éventuels excédents de production. Les projections de Zhang Xiliang (2021) évoquées plus haut suggèrent que la consommation chinoise de pétrole entre 2025 et 2035 plafonnerait à un niveau à peine plus élevé (environ 5 %) que son niveau de 2019 ; si cette prévision s'avérait, les trois pays méditerranéens exportateurs de pétrole auraient peu d'opportunités pour améliorer significativement leurs ventes à la Chine.

En matière de gaz naturel, les pays méditerranéens ont une participation encore plus faible. Si la Libye n'approvisionne pas la Chine, en revanche l'Algérie (un des principaux pays africains producteurs de gaz avec le Nigéria) y contribue : en 2019, la valeur de ses ventes de gaz à la Chine s'élevait au quart de celle de ses ventes de pétrole. Plus étonnant est le rôle de la France dont les ventes de gaz à la Chine se montent à près de 50 % de celles de l'Algérie. De fait, le gaz, une fois liquéfié, peut être transporté par méthanier n'importe où sur la planète. Engie a profité du fait que la France puisse constituer un hub gazier et que des disponibilités en gaz arrivent par gazoducs de Norvège, des Pays-Bas et de Russie, pour les exporter par navire vers la Chine qui est devenue le deuxième importateur mondial de gaz sous l'impulsion de son programme de substitution du charbon par du gaz (IAE, 2020).

Figure 21. – Importations chinoises de pétrole (2019)

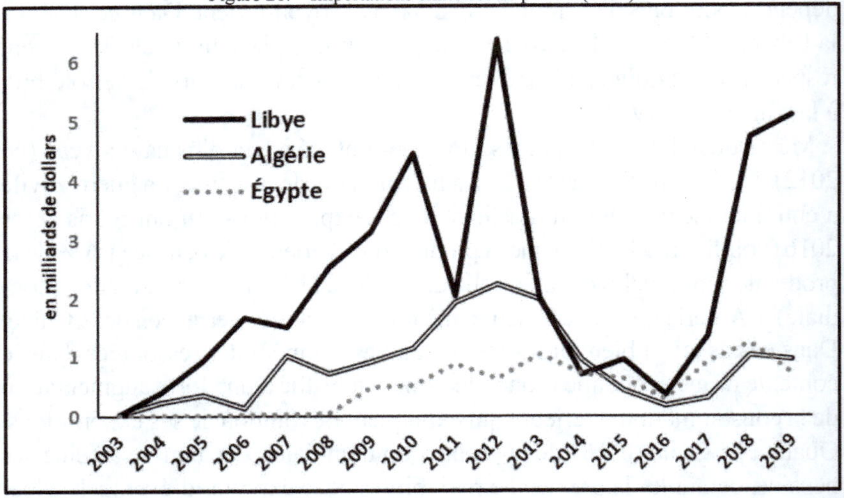

Sources : Calculs de l'auteur à partir de la base de données en ligne de la CNUCED à https://unctadstat.unctad.org.

Les zones économiques spéciales

La stratégie d'internationalisation des entreprises chinoises a été lancée dès 1996 par Jiang Zemin. En chinois, les trois caractères *zou chu qu* qui la désignent signifient strictement « sortir », (*going out* en anglais), concept qui n'implique pas *ipso facto* une mondialisation (*going global* en anglais) des entreprises qui sortent de Chine, car leur marché ne devient pas pour autant mondial et la part de leur chiffre d'affaires réalisé hors de Chine reste généralement très faible. L'établissement de zones économiques spéciales (ZES) à l'étranger a été dès l'origine pensé comme un outil privilégié de cette internationalisation chinoise.

L'expression « zone économique spéciale » (*jingji tequ*) est, en Chine, réservée pour désigner les ZES que la Chine a créés sur son propre territoire ; en revanche, celles qu'elle crée hors de son territoire sont désignées comme des zones de coopération économique et commerciale à l'étranger (*jingwai jingmao hezuo qu)* que nous noterons par la suite ZCECE. Les ZES et les ZCECE sont des parcs industriels (*gongye qu*, *chanye qu*), c'est-à-dire des zones d'activité économique aménagées de telle sorte que la concentration des infrastructures et des entreprises réduise les coûts industriels, administratifs, environnementaux et sociaux.

Les ZCECE sont une incarnation très particulière des zones économiques spéciales en ce sens que *leur logique est inversée*. Certes, dans les deux cas, il s'agit bien de procurer des avantages fiscaux et autres à des investisseurs qui sinon s'abstiendraient. Mais si une ZES, au sens le plus classique, est une enclave organisée par le pays hôte sur son propre territoire pour attirer des investisseurs étrangers, il n'en est pas de même d'une ZCECE qui est une enclave organisée par une entreprise chinoise désignée par la Chine pour organiser sur le territoire d'un pays tiers une enclave soumise de fait au droit chinois. L'une des personnalités interrogées par la journaliste He Jia (2018) du *Rapporteur économique du 21ᵉ siècle* explique très clairement la raison de cette inversion logique : les ZCECE sont des prolongements à l'étranger des ZES créées en Chine et dédiées aux industries exportatrices, toutes deux procèdent de la même volonté politique chinoise : développer l'économie chinoise dans un contexte mondial ayant évolué.

Li Chunding, dans un article répété à satiété (Li, 2008), explicite clairement l'objectif de ces ZCECE dont la promotion a été l'objet d'un agrément spécifique de la part du gouvernement chinois :

> *Les ZCECE sont une stratégie pour que les entreprises chinoises puissent « sortir du territoire » zouchuqu, elles sont propices à la constitution de grappes industrielles et facilitent la mise en place de politiques d'aides. [... Elles permettent] aux entreprises chinoises de se regrouper et de faire bloc pour investir à l'étranger ; lors de la création de telles zones et après avoir procédé à un audit, l'État [chinois] pourra accorder des aides publiques de trente à quarante millions*

d'euros [par entreprise] et des prêts à long terme d'au plus trois cents millions d'euros [par entreprise]. (Li, 2008).

Dans la zone méditerranéenne, nous ne notons que trois expériences dont l'une a été un échec (Algérie), la seconde un succès (Égypte) et la troisième est en gestation (Maroc). L'échec de la ZCECE de Jiangling en Algérie procède directement de la stratégie que nous venons de résumer[24].

C'est par l'intermédiaire de son distributeur turc qui ouvre à Alger en 2001 une succursale de droit algérien (ULTIPA) que Jiangling est arrivé en Algérie. Jiangling – ou encore Jiangling Motors Corporation (JMC) – est un constructeur automobile de la province du Jiangxi dont les origines remontent à 1947. C'est une entreprise à capitaux publics (41 %) dans laquelle Ford détient 32 % des parts depuis 1995 – les 27 % restant étant négociés à la bourse de Shenzhen. Elle produit – sous sa marque ou sous la marque Ford – des véhicules utilitaires légers, des pick-up et des SUV. En 2006, Jiangling décide de profiter d'une opportunité offerte par le ministère chinois du Commerce (MOFCOM) pour changer sa stratégie d'insertion en Algérie en investissant pour produire sur place. Jiangling prend comme partenaire la ZIEC (connue aussi sous le nom de Zhongding) qui est une entreprise de construction chinoise à capitaux entièrement publics dépendant aussi de la province du Jiangxi ; elle est présente en Algérie depuis les années 1990 et arrive au 144e rang du classement international ENR en 2020. Ces deux entreprises postulent leur homologation auprès du MOFCOM afin d'être désignées comme gestionnaires d'une ZCECE en Algérie. L'homologation leur est octroyée au cours du deuxième semestre 2007. Le projet n'a toutefois jamais abouti à cause, dit-on du côté chinois, d'une méconnaissance du contexte et d'une mauvaise évaluation des coûts. Il est avéré que les conditions d'accès au foncier sont cruciales du point de vue chinois et que cette question qui a toujours été sensible du côté algérien peut avoir fait échouer le projet[25]. Cependant, nous pouvons penser que la conception même de la zone pourrait être la véritable cause de la mésentente : les partenaires chinois envisageaient une enclave proprement chinoise accueillant et servant exclusivement des entreprises chinoises pour produire des véhicules alors que

24 Ce passage est en partie repris d'un travail antérieur (Pairault, 2019a).

25 Le projet chinois de ZES à Pointe Noire vient de capoter (provisoirement ?) en janvier 2021 pour cette même raison.

les autorités algériennes pouvaient légitimement préférer une zone algérienne accueillant de préférence des entreprises algériennes au service du développement algérien. Il y avait donc dès l'origine une grande incompatibilité entre les aspirations algériennes et chinoises. Certes, le gouvernement algérien a toujours fait preuve d'une grande indécision dans sa volonté de créer une zone franche industrielle. Mais ce sont plus certainement les prétentions chinoises à faire venir une centaine de sous-traitants chinois au lieu de recourir aux entreprises algériennes qui expliquent le mieux l'échec de la ZCECE voulue par le constructeur automobile Jiangling. Pour les autorités algériennes, l'arrivée d'un investisseur étranger devait permettre d'impulser une industrialisation locale avec des partenaires locaux, de consolider les opportunités locales de production et d'emploi, ainsi que de promouvoir localement un développement économique à l'instar de ce qui s'était produit en Chine.

En revanche, l'expérience égyptienne serait réussie : la Zone sino-égyptienne TEDA de coopération économique et commerciale de Suez[26] fonctionne effectivement et elle serait aujourd'hui la seule ZCECE africaine qui serait rentable selon Wang Hongyi (2017, p. 019-024). Cette expérience diffère considérablement de celle de la ZCECE de Jiangling et manifeste une approche plus progressive tenant mieux compte des réalités locales[27].

L'histoire commence en 1994 quand Hosni Moubarak manifeste, lors d'une visite en Chine, la volonté d'émuler en Égypte la pratique des ZES chinoises qui se concrétisera en 1997 par la signature d'un protocole d'accord, puis par la création en 1998 d'une structure de gestion de la ZES dans laquelle la partie chinoise (TEDA[28], un opérateur public gérant la ZES de Tientsin, qui a été désignée par le gouvernement chinois) ne détient que 10 % des parts, les parts restantes étant détenues par deux partenaires égyptiens privés (la Arab Contractors Co et la Banque nationale d'Égypte) et deux partenaires égyptiens publics (la Banque nationale d'investissement et l'Autorité du canal de Suez).

Il semblerait que cette première mouture n'ait pas fonctionné de façon satisfaisante et que les partenaires aient eu des désaccords. Quoi qu'il en soit,

26 TEDA : Tianjin Economic-Technological Development Area Investment Holdings; en chinois la dénomination de cette ZCECE se lit *Zhong-Ai Taida Suyishi jingji maoyi hezuoqu.*

27 Ce passage s'inspire largement des travaux de Deborah Bräutigam et Tang Tiaoyang (2011) actualisés par ceux de She Li (2018), Wang Hongyi (2017) et ceux de Liu Aimin et Ma Xia (2017).

28 Tianjin Economic-Technological Development Area.

ce n'est que dix ans plus tard, en juillet 2008, que naît la structure actuelle implantée dans la zone industrielle Soukhna adossée au port d'Ain Soukhna sur la côte ouest du golfe de Suez, au nord de la mer Rouge. Il s'agit donc d'une structure – contrôlée à 90 % par la partie chinoise – sous la tutelle de la General Authority for the Suez Canal Economic Zone (SCZone). Pour les PME chinoises qui sont les clientes potentielles de la ZCECE, leur interlocuteur est une autre entreprise (de droit chinois), la Sino-africaine TEDA d'investissement[29] détenue à 60 % par TEDA et à 40 % par le Fonds de développement Chine-Afrique[30]. L'intérêt de cette ZCECE pour les PME qui s'y installent est qu'elles bénéficient non seulement des privilèges habituels d'exonération fiscale qu'offrent les ZES traditionnelles, mais encore elle leur accorde le droit de qualifier leurs produits d'« égyptiens » afin de profiter des accords bilatéraux de libre-échange ou d'échanges préférentiels signés entre l'Égypte et l'Union européenne, l'Association européenne de libre-échange (AELE), les États-Unis, les pays du Mercosur, la Turquie…, sans compter les mesures d'incitation financière mises à leur disposition par le gouvernement chinois.

L'opérateur de la Zone TEDA s'est heurté à des problèmes fonciers, mais, contrairement à ce qui s'était passé en Algérie, ceux-ci ont, semble-t-il, été résolus en 2013 après cinq ans de négociations sans que nous ne connaissions la nature exacte de la solution adoptée. À l'évidence, les autorités égyptiennes et l'opérateur chinois abordent la gestion de cette ZCECE avec des visions différentes. Liu Aimin et Ma Xia (2017, 051) soulignent que pour les opérateurs chinois, développer des ZCECE signifie « construire des nids pour accueillir le Phénix » (*zhu chao yin feng*). Cette formulation est significativement puissante, car en Chine, le prodige de l'apparition du phénix a fondamentalement une signification politique, elle signale l'instauration d'un ordre sinisé. Le phénix (en chinois *feng* ou *fenghuang*) personnifie la Chine à telle enseigne que le phénix qu'il soit grec, persan ou biblique se dit en chinois *feinikesi*. La Chine, loin d'exporter son modèle de ZES, en invente ici un autre à son profit plutôt qu'à celui du pays hôte. Si l'Égypte s'y est finalement résolue, c'est sans doute qu'elle a su mieux que l'Algérie gérer les conflits entre partenaires. Et,

29 En chinois : *Zhong Fei Taida touzi gufen youxian gongsi.*

30 En anglais : China-Africa Development Fund (CADF). C'est un fonds d'investissement supposément « privé » financé uniquement par la China Development Bank, une *policy bank* publique sous la tutelle du gouvernement chinois.

Wei Jianqing – directeur général de Sino-africaine TEDA d'investissement – assez cyniquement de conseiller : « La Chine devrait établir un mécanisme de consultation avec le gouvernement du pays hôte afin de *le guider* [c'est nous qui soulignons] dans ses orientations politiques » (He, 2017b, p. 4). Cela ne ressemblerait-il pas à une forme d'ingérence que la Chine revendique ne pas pratiquer ?

Lors du deuxième séminaire sur le développement des ZCECE, qui s'est tenu à Tientsin fin juin 2018, Chen Jian, un ancien vice-ministre du Commerce, va encore plus loin, si les entreprises chinoises exploitant des ZCECE *collaboraient* avec les autorités du pays hôte pour la gestion du parc, deux types de problèmes surviendraient nécessairement. D'abord, la Chine perdrait son emprise sur les opérations dans ces ZCECE et, ensuite, les contradictions entre les intérêts et les objectifs de la Chine et ceux des pays hôtes aggraveraient tellement les problèmes qu'elles pourraient ruiner l'aboutissement du projet. (Xia, 2018, p. 6).

L'objet de ces ZCECE est d'offrir un cocon à des entreprises chinoises, de constituer un écosystème sinisé sans organiser une véritable délocalisation – cette expatriation ne supposant ni la disparition de leur production en Chine même, ni non plus leur acclimatation effective au contexte étranger. Pour reprendre la formidable expression de Laure Zhang (2019), ces opérateurs et leurs entreprises clientes manifestent un « sino-centrisme narcissique ».

Bien qu'elle ne soit pas désignée comme une ZCECE, mais comme un parc industriel (*chanye yuan*), une autre structure est en voie d'édification en Égypte sous le nom de Parc Mankai pour l'industrie textile (*Mankai fangzhi chanye yuan*) du nom de l'entreprise privée chinoise en assurant le développement. C'est avec le soutien, non du gouvernement chinois et du MOFCOM, mais du gouvernement d'une province chinoise – la Région autonome musulmane du Ningxia – et de son bureau du Commerce que Mankai s'est lancé dans l'aventure (Mankai, 2021 ; Kamel, 2019). Cette petite province – l'une des plus pauvres et des moins peuplées de Chine, située au centre-nord de la Chine – parce qu'elle dispose d'une importante minorité musulmane, *Hui*[31], a été érigée en interlocutrice privilégiée des pays arabes pour la mise en œuvre

31 Présents sur tout le territoire de la Chine, les Hui constituent un groupe ethnico-culturel anthropologiquement comparable à celui des Chinois Han, sauf qu'ils pratiquent l'islam. Il ne faut donc pas les confondre avec les Ouighours du Xinjiang.

de la stratégie de nouvelles routes de la soie. Après deux années de discussions, le gouvernement égyptien approuve début 2018 la création du parc industriel dans la ville de Sadat City à 95 kilomètres du Caire en même temps qu'il reconnaissait la propriété foncière du développeur sur les terrains alloués. Conséquemment, ce dernier chargeait une entreprise chinoise (la China Metallurgical Group spécialisée dans les contrats d'EPC comme son nom ne le suggère pas) de la réalisation des travaux.

Le développeur est clair, son objectif est de mobiliser des entreprises textiles chinoises afin que celles-ci produisant en Égypte puissent bénéficier d'une part de l'accord de libre-échange signé en 2004 avec l'Union européenne aux termes duquel les textiles et les vêtements peuvent être importés d'Égypte en franchise de droits, d'autre part du protocole QIZ (*Qualified Industrial Zones*) octroyant aux fabricants égyptiens de vêtements un accès à « tarif zéro » au marché américain tant que leurs produits contiennent au moins 10,5 % d'intrants israéliens. L'actuelle pandémie semble avoir considérablement retardé la mise en œuvre de ce projet.

C'est aussi un développeur privé que nous trouvons au Maroc, mais dans une forme de partenariat différente. Dans ce cas précis, l'initiateur est Othman Benjelloun qui avait racheté en 1995 la Banque marocaine du commerce extérieur (BMCE) rebaptisée il y a peu en Bank of Africa du nom de la banque éponyme créée en 1982 au Sénégal dont il détient 72,4 % des parts.

En 2016, à l'occasion de la visite du roi du Maroc en Chine, une délégation marocaine, à l'invitation de Li Biao, président du groupe setchounais Haite, se serait rendue au Sichuan. Ce serait à la suite de ce contact qu'Othman Benjelloun et Li Biao auraient décidé de promouvoir un projet de parc industriel à Tanger – la Cité Mohammed VI Tanger Tech –, dont la concession a été signée le 20 mars 2017. Le bailleur de fonds, la BMCE, devait financer l'opération évaluée à un milliard de dollars. Les opérations envisagées par Li Biao au Maroc visent à constituer une sorte de cocon pour des entreprises chinoises qui cherchent à investir hors de Chine et voudraient pour ce faire se regrouper pour s'épauler. Ce projet a immédiatement rencontré de nombreuses difficultés de mise en œuvre faute d'expérience antérieure du développeur chinois. Toutefois, ce qui aurait amené Haite à se retirer du projet serait un différend sur la superficie des terres attribuées au parc industriel. Ce projet serait ressuscité grâce à la signature en avril 2019 d'un protocole d'accord entre la

BMCE et deux entreprises chinoises, la China Communications Construction Company (CCCC) et une de ses filiales la China Road and Bridge Company (CRBC). Ce partenariat paraît d'emblée beaucoup plus sérieux à cause du statut même de la CCCC – une entreprise publique sous la tutelle directe du gouvernement chinois –, mais aussi à cause de son expérience outre-mer et de sa connaissance du Maroc. Néanmoins, il est encore trop tôt pour affirmer que la Cité Mohammed VI Tanger Tech serait d'ores et déjà opérationnelle, mais le projet semble en bonne voie puisque la BMCE-Bank of Africa vient de signer en février 2021 un accord avec le China-Africa Development Fund qui s'engagerait à soutenir financièrement les entreprises chinoises souhaitant s'installer dans ce parc industriel[32].

Le Maroc offre par ailleurs une autre solution aux entreprises chinoises désirant s'internationaliser. L'expérience marocaine nous apprend que le cocon que les parcs industriels offrent aux entreprises migrantes n'est pas le seul fait des parcs « ethniques » tels les ZCECE. Ainsi, le constructeur chinois de voitures électriques BYD, dont l'arrivée dans le parc sino-marocain Tanger Tech avait été annoncée avec enthousiasme dans la presse, a finalement préféré s'insérer dans un parc proprement marocain (Tanger Automotive City, qui est une plate-forme spécialisée intégrée dans la ZES de Tanger Med) où Renault et ses équipementiers sont déjà présents. Également, l'un des plus grands équipementiers automobiles chinois, Dicastal, vient d'annoncer son implantation dans le parc marocain Atlantic Free Zone à Kenitra où Peugeot et ses équipementiers commencent à s'installer en 2018. Ce qui est particulièrement intéressant et significatif est que Dicastal appartient au fonds d'investissement chinois CITIC créé en 1979 à la demande de Deng Xiaoping et qui est encore aujourd'hui sous le contrôle direct du gouvernement chinois. Ce sont peut-être des choix politiques (favoriser un parc public marocain par rapport à un parc privé chinois), mais ce sont plus probablement des choix d'abord industriels : rejoindre un écosystème industriel et commercial déjà bien établi aujourd'hui n'empêchera pas éventuellement d'en rejoindre un autre à une date ultérieure.

Le cas marocain est particulièrement intéressant, car le Maroc expérimente deux types de parcs industriels. Il y a d'abord les zones économiques spéciales au sens traditionnel du terme, les ZES « ordinaires », comme celles de Tanger Med (mise en service en 2007) ou de l'Atlantic Free Zone (lancée en 2012).

32 Sur ce passage, voir Pairault, 2019a.

Ces deux zones ont été conçues par le Maroc dans le cadre de sa stratégie de développement et sont destinées à accueillir des entreprises d'autres pays dans des conditions fiscales, juridiques et administratives favorables. Ces ZES « ordinaires » ont démontré leur utilité ; ce sont celles que la Chine a adoptées avec succès pour elle-même dans les années 1980. Les « ZES chinoises » qu'elles soient appelées ZCECE ou parcs industriels, constituent une seconde catégorie. Dans ce dernier cas, un développeur chinois promeut des zones à l'étranger dans le cadre de la stratégie chinoise d'internationalisation, afin d'organiser pour des entreprises chinoises des conditions fiscales, juridiques et administratives favorables. De telles initiatives peuvent sans doute stimuler l'économie du pays d'accueil, mais il n'y a aucune raison pour que ces « ZES chinoises » servent réellement le développement économique du pays d'accueil lorsque leur priorité est l'internationalisation, l'expansion et la protection de ces entreprises chinoises.

Les pays méditerranéens du MENAT comme tremplin ?

Quand nous évoquons les prestations de services que les entreprises chinoises du BTP fournissent aux 26MED – dont 80 % aux seuls dix pays méditerranéens du MENAT –, nous songeons à la construction d'infrastructures éventuellement associée à un financement (EPC + F)[33] pour répondre à la demande de gouvernements donneurs d'ordre. Ce genre de tractations ne diffèrent guère de simples transactions commerciales qu'elles soient ou non menées dans le cadre de stratégies spécifiques comme celles analysées ci-dessus. Cependant, ces prestations de services peuvent acquérir une dimension différente quand l'objectif du prestataire chinois n'est pas de réaliser un bénéfice commercial immédiat, mais de créer les conditions d'un enrichissement à plus lointaine échéance.

Dans le chapitre consacré aux ports méditerranéens nous avions évoqué la China Harbour Engineering Company (CHEC) pour dire qu'il ne fallait pas confondre cette entreprise de construction avec la COSCO, la China Merchants Port… qui sont des entreprises assurant la gestion de terminaux à conteneurs

33 EPC + F : Engineering, Procurement, Construction and Financing (Ingénierie, Approvisionnement Construction et Financement).

dans certains ports méditerranéens importants. La CHEC est présente dans de nombreux ports méditerranéens où elle a participé ou participe activement à la modernisation des infrastructures portuaires : en Égypte (dans les ports de Ain Soukhna, Alexandria, Port-Saïd), en Algérie (port de Cherchell), au Liban (port de Tripoli), mais aussi en Israël où elle s'est vue confier la rénovation et l'extension du port d'Ashdod. Liu Dongbing, directeur général de la filiale israélienne de la CHEC, expose très clairement le profit que la CHEC devrait retirer de ce succès (He, 2017b). Ce profit n'est pas financier, car la concurrence est telle que les bénéfices de l'opération seront minimes pour la CHEC. En revanche, l'entreprise y gagnera d'autant plus en notoriété qu'Israël est un pays développé ayant un marché mûr dominé par les entreprises occidentales. Mais, plus encore, réaliser la modernisation du port d'Ashdod devrait à l'avenir donner l'occasion à la CHEC de ne plus intervenir en tant que simple prestataire de services, mais en tant qu'« investisseur » dans le cadre de partenariats publics privés, partant de se servir de ses succès israéliens pour postuler des concessions dans des pays tiers.

Cette vision n'était pas l'expression du point de vue personnel de Liu Dongbing, mais reprenait un discours formaté à Pékin que Sun Ziyu « théorise » et reproduit au cours de ces multiples déplacements à l'étranger. Sun Ziyu, vice-président et membre du Comité permanent du Comité du Parti communiste chinois de la CCCC (China Communications Construction Company)[34] qui est la société mère de la CHEC, part du modèle de Ram Mudambi (2008, p. 707) dit du « sourire de la création de valeur »[35] qu'il adapte à la CCCC pour expliquer sa stratégie sur la chaîne de valeur. Il en résulte la définition d'une stratégie en cinq domaines d'expertise (*'wu shang zhong jiao' zhanlüe*) selon laquelle la CCCC doit s'affirmer dans les premiers rangs mondiaux et devenir : 1) un entrepreneur du BTP de classe mondiale ; 2) un promoteur et un opérateur de complexes urbains ; 3) un investisseur en infrastructures ; 4) un promoteur immobilier spécialisé ; 5) un fournisseur de services intégrés et d'équipements lourds marins et portuaires. Ainsi, dans les grands projets infrastructurels, la CCCC devrait maîtriser les coins relevés du sourire, c'est-à-dire la conception des projets (ainsi que la définition des normes) et la gestion

34 L'ordre protocolaire chinois est de mettre la responsabilité au sein du Parti communiste chinois avant les responsabilités administratives.

35 Voir aussi la figure 9 (La *smile curve* de l'iPhone) du chapitre 1.

des actifs créés. Dès lors, l'alliance de la CHEC avec Bolloré et CMA-CGM pour la concession du terminal de Kribi s'éclaire et s'inscrit comme un premier pas vers la généralisation de cette stratégie. Et, la boucle est bouclée ; les dix pays méditerranéens du MENAT doivent en priorité servir de tremplin aux entreprises chinoises dans leur pénétration des pays de l'Union européenne.

• • • La Méditerranée entre l'Union européenne et la Chine ?

À l'occasion de la fête du centenaire de la création du Parti communiste chinois le 1er juillet 2021 à Pékin, le secrétaire général du parti et président de la République populaire Xi Jinping a réaffirmé l'importance du projet des routes de la soie (l'Initiative une ceinture, une route) dans le développement des relations économiques internationales de la Chine.

Cette réaffirmation s'opère dans un double contexte, celui des relations dégradées entre la Chine et les grandes économies occidentales, en premier lieu les États-Unis d'une part, celui de l'impact de la crise sanitaire de l'autre. Les États-Unis, suivis en partie par leurs alliés, appliquent une stratégie de découplage visant à limiter l'accès des firmes chinoises aux technologies dont elles ont besoin et qu'elles ne maîtrisent pas encore. La crise sanitaire, quant à elle, a laissé des marques profondes. La reprise économique mondiale à laquelle on assiste aujourd'hui reste différenciée, non coordonnée avec des économies encore sous la menace d'extension ou de reprise de la pandémie, d'autres, au sud, encore en plein marasme (Amérique du Sud, Afrique).

La conjonction de ces deux phénomènes, pour la Chine, a donné lieu à une réévaluation de sa stratégie de développement autour du concept de « circulation duale » (*guonei guoji shuang xunhuan*). Il s'agit désormais de promouvoir davantage la croissance intérieure en agissant du côté de la demande en exploitant les potentialités de l'économie-continent tout en s'appuyant sur les acquis de l'internationalisation de l'économie chinoise obtenus au cours des deux dernières décennies.

Aujourd'hui, l'économie mondiale redémarre. La Chine, la première, avec l'adoption d'un ensemble de mesures de relance, moins importantes que celles appliquées à la suite de la crise financière de 2008, suivie par les États-Unis, qui ont injecté près de deux mille milliards de dollars, suivis par l'Europe qui mobilise, elle, des sommes moins importantes, mais, à son échelle, malgré tout conséquentes (750 milliards d'euros). Le gouvernement chinois a adopté une stratégie de promotion de la consommation intérieure, des innovations et des investissements dans la recherche et la technologie. Paradoxalement, la reprise de la croissance de l'économie chinoise est toujours tirée par la forte demande externe en matériel médical, en produits informatiques. Parallèlement, les IDE en provenance des économies de marché continuent à se diriger vers la Chine ainsi que les capitaux flottants à court terme qui cherchent à tirer avantage de la hausse de la monnaie chinoise (*renminbi*) d'un côté, ou à acquérir des titres financiers dans une optique spéculative de l'autre.

Dans ce contexte, le projet des routes de la soie reste un objectif prioritaire pour les dirigeants chinois à la fois pour assurer les approvisionnements dont le pays a besoin (énergie), pour écouler la production qui redémarre, mais aussi pour assurer de nouveaux marchés aux firmes chinoises : ouvrir des débouchés pour ses produits, saisir des opportunités pour des contrats de construction d'infrastructures pour ses entreprises, tirer avantage d'investissements directs et bénéficier de conditions plus attractives en termes de coûts, intégrer des segments de chaînes de valeur, se rapprocher de marchés matures comme ceux de l'Union européenne.

Quel bilan des présences économiques chinoises en Méditerranée peut-on formuler aujourd'hui après l'implication active et multiforme des opérateurs chinois dans la région ? Quelles retombées durables sont attendues des différentes opérations réalisées en coopération avec la Chine dans la région ? Comment les projets chinois dans la région s'articulent-ils avec la présence dominante de l'UE et sa politique de voisinage avec ses partenaires à l'est et au sud ? *Last but not least*, comment la « rivalité systémique » prend-elle forme et impacte-t-elle les relations entre l'UE et la Chine dans cette partie du monde ?

En introduction, on a souligné l'hétérogénéité de l'aire couverte par les 26 pays de la Méditerranée tant sur le plan de leur géographie, de leur niveau de développement, de leurs revenus et de leurs dotations en ressources. Face à cette hétérogénéité on est en présence, pour ce qui concerne la Chine et ses entreprises, d'une variété de mode d'entrée, d'opérations avec des résultats différents selon les pays et les secteurs concernés : échanges (dont l'achat d'énergie), investissements directs notamment par les grandes firmes publiques qui bénéficient de nombreux avantages (subventions et soutien politiques), offres de financement, construction d'infrastructures diverses, création de zones de coopérations économiques et commerciales, gestion d'installations portuaires.

Un premier constat, tout d'abord, concerne la dimension géoéconomique de cette présence. À première vue, en raison de la grande variété de pays concernés et de projets conclus ou en cours de réalisation dans la région, de l'approche bilatérale choisie, la présence économique chinoise en Méditerranée, explicitement, ne s'intègre pas dans un projet régional même si ces actions peuvent être rassemblées sous le couvert d'une instance unique de coopération du type MC17 qui sert ici de feuille de vigne.

Une seconde constatation est la place marginale, en volume, des IDE chinois dans la région dans son ensemble. L'IDE est presque inexistant dans certains pays, il est très faible dans les pays plus développés au nord de la Méditerranée où il se concentre dans des secteurs principalement énergétiques (Italie, Espagne, Portugal), des télécommunications (Portugal). Par contre, à la périphérie est et sud de l'Europe, les relations commerciales, favorisées par les relations préférentielles, font de l'UE le premier partenaire économique de ces pays et de très loin le premier investisseur dans les pays en accession et ceux concernés par sa politique de voisinage. De ce point de vue, la présence chinoise, modeste, ne crée pas d'effet de levier dont la Chine pourrait profiter.

Une troisième constatation concerne la relation entre le niveau de développement et l'offre chinoise. À la périphérie de l'Europe, à l'est et au sud, les activités dominantes sont liées à la construction d'infrastructures (Ingénierie, Approvisionnement, Construction, Financement), ainsi que le développement de zones d'activités (Égypte, Maroc), à la préservation des intérêts de la Chine à l'étranger. L'achat de pétrole est aussi une motivation de la présence des firmes chinoises au sud (Algérie, Libye et Égypte).

Une quatrième constatation, qui n'est pas propre à la région, tient aux retards entre la signature d'engagements contenus dans les protocoles d'accord

(*Memorandum of Understanding*, MoU) et leur mise en œuvre, conduisant parfois à l'abandon de projets (Roumanie, Bulgarie), à leur suspension (cas de corruption dans la construction d'autoroutes en Macédoine du Nord). L'application de mesures financières indistinctes, l'octroi de crédits pour financer des projets mal évalués conduit à des retards, à des dépassements de coûts, au risque d'un « piège de la dette » comme l'a montré l'exemple récent de la construction d'une autoroute au Monténégro.

La démarche et le comportement des opérateurs chinois ont conduit à un certain nombre de critiques qui tiennent au faible « ruissellement » de ces projets (quasi-monopole de leur réalisation par des firmes chinoises, utilisation d'une main-d'œuvre chinoise sous-payée, faible participation de la sous-traitance locale, régime fiscal de faveur pour l'entrée du matériel et des composants), à la qualité des prestations offertes (technologies dépassées) ou encore au non-respect de l'environnement et des réglementations européennes (ouverture et exploitation de mines de charbon, de cuivre) conduisant, dans certains cas, à leur fermeture (Serbie).

Enfin, en retombées du refroidissement des relations entre la Chine et les économies occidentales, la Chine subit dans la région les effets des politiques de filtrage des investissements, d'un côté, et des mesures prises à l'encontre des firmes opérant dans des secteurs sensibles, notamment celui de la technologie de la 5G, de l'autre. Au sud, la pression exercée par les États-Unis a conduit au rejet de la firme Huawei comme fournisseur d'équipements dans la plupart des pays alors que paradoxalement en Allemagne et en France, en raison de la forte présence des firmes de ces pays en Chine, les deux gouvernements louvoient, cherchant à ménager les susceptibilités en bornant la présence de l'opérateur chinois sur les segments les moins sensibles des installations de cette technologie.

Le refus récent du Parlement européen de signer l'Accord général sur l'investissement (CAI) négocié en décembre 2020 entre la Chine et l'UE en raison des atteintes aux libertés dans le Xinjiang et à Hong Kong exprime aussi une réticence certaine de l'UE à l'égard de la Chine concernant sa présence dans la région. L'adoption d'un plan régional de relance de neuf milliards d'euros, la promotion d'un plan vert notamment dans le domaine des infrastructures, d'un développement de la connectivité… vont dans le sens d'un raffermissement de la présence de l'UE dans la région. Les projets d'aide à la relocalisation d'activités à l'est et au sud de l'Europe vont contribuer à réduire les marges de manœuvre des opérateurs et du gouvernement chinois dans cette partie de l'Europe, les forçant, s'ils veulent se maintenir à « européaniser » leurs pratiques et à respecter les règles et se conformer aux programmes (environnement) lancés par l'UE.

• • • Références bibliographiques

Les liens hypertextes indiqués étaient fonctionnels fin juin 2021

Al Mouahidi Kh. (2020), « China rejects Polisario's participation in Africa summit », *Medafrica Times*, 21 juin 2020, https://medafricatimes.com/20213-china-rejects-polisarios-participation-in-africa- summit.html.

Allison G. (2017), *Destined for war. Can America and China escape Thucydides's trap?*, Boston, Mariner Books.

Banque mondiale (2021), *International Debt Statistics*, https://datato pics.worldbank.org/debt/ids/.

Barisitz, S. (2020), « China's New Silk Road: a stocktaking update and economic review (2017–2019) », Focus on European Economic Integration, Oesterreichische Nationalbank (Austrian Central Bank), Q1/20, p. 20-50.

Barisitz, S. (2020), « China's New Silk Road: a stocktaking update and economic review (2017–2019) », Focus on European Economic Integration, Oesterreichische Nationalbank (Austrian Central Bank), Q1/20, p. 20-50.

Bastian J. (2017), « China's Footprint in Southeast Europe: Constructing the 'Balkan Silk Road' », MacroPolis, 29 septembre 2017, https://www.macropolis.gr/?i=portal.en.the-agora.6051.

Bello W. (2019), *China: An Imperial Power in the Image of the West?*, Bangkok, Focus on the Global South, https://focusweb.org/publica tions/ china-an-imperial-power-in-the-image-of-the-west.

Bi Y. (2013), « Woguo haigang minying hua de falü guizhi tixi yanjiu – jiyu xiaolü yu gonggong xing xiang pingheng de shijiao » [Étude du cadre légal de la privatisation de la gestion des ports chinois – pour un équilibre entre efficacité et service public], *Shanghai caijing daxue xuebao* [Journal de l'université de finance et d'économie], 15(4), 2013, p. 35-41.

BNS [Bureau national des statistiques] (2021), annuaires en ligne à http://www.stats.gov.cn/tjsj/ndsj/.

Bräutigam D. et X. Tang (2011), « African Shenzhen: China's special economic zones in Africa », *The Journal of Modern African Studies*, 49(1), mars 2011, p. 27-54.

Brînză A. (2020), « China and the Budapest-Belgrade Railway Saga », *The Diplomat*, 28 avril, https://thediplomat.com/ 2020/04/china-and-the-budapest-belgrade-railway-saga.
Brunet A. et J.-P. Guichard (2011), « La visée hégémonique de la Chine : L'impérialisme économique », Paris, L'Harmattan.
CNUCED [Conférence des Nations unies sur le commerce et le développement] (2021), Centre de données [en ligne], https://unctad stat.unctad.org/.
Commission européenne (2018), *Une perspective d'élargissement crédible ainsi qu'un engagement de l'Union européenne renforcé pour les Balkans occidentaux*, 31 août 2018, https://op.europa.eu/fr/publication-detail/-/publication/ e9b4e4ab-9c46-11e8-a408-01aa75ed71a1.
COSCO Shipping Ports (2017), *Acquisition of shares in Noatum Port Holdings, S.L.U*, https://www.hkexnews.hk/listedco/list conews/sehk/2017/0612/LTN20170612966.pdf.
CSD [Center for the Study of Democracy] (2021), « The Chinese Economic Footprint in Central and Eastern Europe: Impact on Energy Transition and Climate », *Policy Brief*, n° 97, janvier 2021, https://csd.bg/fileadmin/user_upload/publications_lib rary/files/2021_01/BRIEF_97_ENG.pdf.
Defraigne J.-C. (2019), « La suprématie de l'Union européenne face à la Chine en Méditerranée », *Monde chinois*, 2019/2, p. 102-120.
Delteil V. et X. Richet (éds) (2019), *L'Europe, une fracture à retardement. Intégration asymétrique, dépendances, fragmentation*, Paris, L'Harmattan.
Dragojlo S. (2021), « Like Prisonners: China Workers in Serbia Complains of Exploitation », *Balkaninsight*, 21 janvier 2021.
Dunning J. (2008), *Multinational Enterprises and the global economy*, Wokingham, Edward Elgar, Cheltenham.
Efron S., K. Schwindt et E. Haskel (2020), *Chinese Investment in Israeli Technology and Infrastructure*, RAND Corporation, Santa Monica, Calif.
Euromed (2020), *Euro-Mediterranean partnership*, https://ec. europaeu/trade/policy/countries-and-regions/regions/euro-mediterranean- partnership.
Fabre G. (2019), « Les nouvelles routes de la soie et la Grèce, tête de pont de la présence chinoise en Europe », ILCEA [En ligne], 37 | 2019, http://journals.openedition.org/ilcea/7492.
Fenet J. -M. (2020), « Investissements chinois dans le monde : perte de vitesse depuis deux ans, recentrage vers l'ASEAN et les pays de la route de la soie », *Service économique de Pékin*, Ambassade de France en Chine.
Filipović M. Č. (2021), « Serbie : les travailleurs-esclaves chinois des mines de Bor », *Courrier des Balkans*, 1er février 2021, https://www.courrierdesbalkans.fr/Serbie-Chinois-Bor.

Garcia-Herrero A. et D. Martínez Turégano (2020), « Europe is losing competitiveness in global value chains while China surges », *Bruegel Blog*, 26 novembre 2020, https://www.bru egel.org/2020/11/europe-is-losing-competitiveness-in-global -value-chains-while-china-surges.

Goldman D. (2020), *You Will Be Assimilated: China's Plan to Sino-form the World*, New York, Post-Hill Press.

Hamaizia A. (2020), *Rebalancing Algeria's Economic Relations with China*, Chatham House, décembre 2020, https://www. chathamhouse.org/2020/12/rebalancing-algerias-economic-relations-china.

He J. (2017a), « Zhuanfang Zhong Fei Taida zhi hangzong jingli Wei Jianqing : Taida yao zuo haiwai yuanqu guanli lingyu de 'Wanhao' » [Entretien avec Wei Jianqing, directeur général exécutif de Chine-Afrique TEDA : TEDA sera le 'Marriott' de la gestion des parcs à l'étranger], *21 Shiji jingji baodao* [Le Rapporteur économique du 21e siècle], 1er avril 2017, https://m.21jingji.com/article/20170401/40507314bf-853fb1ca8a5dc757cc0c7f.html.

He J. (2017b), « Cong "chengbao shang" dao "jichu sheshi touzi shang" fan dizhonghai gongsi zong jingli liudongbing: Jiji jieru yi zhengfu zhijie canyu de PPP xiangmu » [De 'prestataire de services' à 'investisseur en infrastructures', Liu Dongbing, directeur général de la PMEC, participer activement à des PPP], *21 Shiji jingji baodao* [Le Rapporteur économique du 21e siècle], 19 juin 2017, http://epaper. 21jingji.com/html/2017-06/19/content_64675. htm.

He J. (2018), « 2017 Jingwai jingmao hezuo qu shengtai diaocha: Jieduan xing chengguo yi xian jidai tazhan ke chixu rongzi qudao » [Enquête écologique sur les zones de coopération économique et commerciale à l'étranger en 2017 : les résultats d'étape montrent que les canaux de financement durables doivent être accrus], *21 Shiji jingji baodao* [Le Rapporteur économique du 21e siècle], 22 janvier 2018, http:// epaper.21jingji.com/html/2018-01/22/content_79099.htm.

Hillman, J.(2020), *The Emperor's New Road*, Yale University Press.

IAE [Agence Internationale de l'Énergie] (2020), *World Energy Outlook 2020*, https://www.iea.org/reports/world-energy-outlook-2020.

Ji Y. et Z. Liu (2019), « Financial Cooperation between China and CEEC: Development and Prospective », *Global Economic Observer*, 7(2), p. 258-268.

Kamel A. (2019) « Egypt courts Chinese clothing makers seeking tariff refuge », *Nikkei Asia*, 28 juillet 2019, https://asia.nikkei.com/Business/Business-trends/Egypt-courts-Chinese-clothing-makers-seeking-tariff-refuge.

Karaskova I. *et al.* (eds.) (2020), *Empty shell no more: China's growing footprint in Central and Eastern Europe*, Prague, Association for International Affairs, https://

www.amo. cz/en/china-observers-in-central-and-eastern-europe-choice-en/empty-shell-no-more-chinas-growing-footprint-in-central-and-eastern-europe-2/
Kellner Th. (2006), « La politique pétrolière de la République populaire de Chine : stratégies et conséquences internationales », *Outre-Terre*, n° 15, 2006, p. 425-434.
Li C. (2008), « Jingwai jingmao hezuo qu jianshe yu woguo qiye 'zouchuqu' » [L'établissement des ZCEC et la politique chinoise de 'sortie du territoire'], *Guoji jingji hezuo* [Coopération économique internationale], 2008, n° 7, p. 25-28.
Liu A. et X. Ma (2017), « Aiji Suyishi jingmao hezuo qu de chengxiao, kun nan yu duice » [Résultats, problème et contre-mesures de la zone de coopération économique et commerciale de Suez en Égypte], *in* Zhang and Wang, 2017, p. 045-061.
Ma T. (2019), « Empty trains on the modern Silk Road: when Belt and Road interests don't align », *Panda Paw Dragon Claw*, 23 août 2019, https://pandapawdragonclaw.blog/ 2019/08/23/empty-trains-on-the-modern-silk-road-when-belt-and-road-interests-dont-align.
Mankai [site du parc industriel Mankai] (2021), http://www. mankaipark.com/index.php?m=&c=Index&a=aboutUs.
Mardell J. (2020), « China's Economic Footprint in the Western Balkans », *Bertelsmann Asia Policy Brief*, 16 janvier 2020, https://www.bertelsmann-stiftung.de/en/our-projects/german y-and-asia/news/asia-policy-brief-chinas-economic-footprin t-in-the-western-balkans.
Maréchal J.-P. (2020), « L'envol du panda ? Aviation civile chinoise et innovation », *Monde chinois*, 2020/1, n° 61, p. 9-38.
MERICS (2021), « Chinese FDI in Europe: 2020 Update », https://merics.org/en/report/chinese-fdi-europe-2020-update.
Milanovic B. (2017), « Multi-party kleptocracy rather than illiberal democracies », *Globalinequality*, 22 juillet 2017, https://glineq.blogspot.com/2017/07/multi-party-kleptocraci e s-rather-than.html.
Ministère de l'Énergie [Algérie] (2021), *Bilan des réalisations du secteur*, diverses années, https://www.energy.gov.dz/? article= bilan-des-realisations-du-secteur.
Mudambi R. (2008), « Location, Control and Innovation in Knowledge-Intensive Industries », *Journal of Economic Geography*, 2008, 8(5):699-725.
Nedopil-Wang C. (2020), *China Belt and Road Initiative (BRI) Investment Report 2020*, https://green-bri.org/wp-content/ uploads /2021/01/China-BRI-Investment-Report-2020.pdf.
OCDE (2003), *Perspectives économiques de l'OCDE*, Volume 2003, Numéro 1.
Onimata S. (2013), *Trade in Value Added: An East Asian Perspective*, ADBI Working Paper Series, n° 451, décembre 2013, https://www.adb.org/sites/default/files/publication/156 306/adbi-wp451.pdf.

Pairault Th. (2013), « Les entreprises chinoises sous la tutelle directe du gouvernement illustrées par leur investissement en Afrique », *Revue de la Régulation*, n° 13, 2013, http://regulation.revues.org/10195.

Pairault Th. (2017a), *Le consortium CITIC-CRCC et l'autoroute Est-Ouest*, document de travail en accès libre, 20 octobre 2017, https://halshs.archives-ouvertes.fr/halshs-01620638.

Pairault Th. (2017b), « Algérie : quelle présence économique chinoise ? », in Adel A., Th. Pairault et F. Talahite (dir.), *La Chine en Algérie. Approches socio-économiques*, Paris, MA Éditions – ESKA, p. 33-68.

Pairault Th. (2019a), *Des nids pour le phénix : L'Afrique et les zones économiques spéciales " chinoises "*, 2nd Workshop en économie du développement : « Politiques publiques de développement dans les pays d'Afrique subsaharienne », Université du Luxembourg, Association Tiers-Monde, Université Alasasane Ouattara, 21-22 mars 2019, Abidjan, https://halshs.archives-ouvertes.fr/halshs-02047370.

Pairault Th. (2019b), « La route maritime de la soie et les terminaux portuaires en Méditerranée », *Monde chinois*, 2019/2, n° 58, p. 121-135.

Pairault Th. (2020), *Investment in Africa: China vs "traditional partners"*, China-Africa Research Initiative, 31 juillet & 3 août 2020, http://www.chinaafricarealstory.com/2020/07/ guest-post-investment-in-africa-china.html et http://www. chinaafricarealstory.com/20 20/08/guest-post-investment-in-africa-china.html.

Pairault Th. et K. Fachqoul (2014), « L'Algérie et la 'diplomatie pétrolière' de la Chine » *in* Pairault Th. et F. Talahite (dir), *Chine-Algérie : Une relation singulière en Afrique*, Paris, Riveneuve éditions, p. 63-82.

Prelec T. (2021), *Eco-monsters & eco-fighters: China's investments in Serbia's heavy manufacturing industry as seen through an environmental lens*, Prague, PSSI, https://www. pssi.cz/publications/39-eco-monsters-eco-fighters-china-s-investments-in-serbia-s-heavy-manufacturing-industry-as-seen-through-an-environmental-lens.

PSSI [Prague Security Studies Institute] (2018), *Western Balkans at the Crossroads: Assessing Non-Democratic External Influence Activities*, Prague, PSSI, https://www. balkancross roads.com/.

Psaraftis H. et A. Pallis (2012), « Concession of the Piraeus container terminal: turbulent times and the quest for competitiveness », *Maritime Policy & Management: The flagship journal of international shipping and port research*, 2012, 39(1), p. 27-43.

PNUD (2021), *Income inequality, Gini coefficient*, http://hdr.undp.org/en/indicators/67106#.

Qorraj G. et Hashi I. (eds.) (2021), *European Union and Western Balkans*, Bankok, ToKnowPress.

Richet X. (2014), « L'internationalisation des firmes chinoises : croissance, moteurs, stratégies », *Revue Tiers Monde*, 2014/3 (n° 219), p. 59-76.
Richet X. (2019a), « Geographical and Strategic Factors in Chinese Foreign Direct Investment in Europe », Asian Economic Papers, 18(2), p. 102-119, https://doi.org/10.1162/ asep_a_00700.
Richet X. (2019b), « Capitalisme importé et dépendance. Le rôle des investissements directs étrangers en Europe centrale et du sud-est » *in* Delteil et Richet (2019), p. 163-188.
Richet X. (2021), « Foreign Direct Investment, Transition and Dependency in Central and South East European Countries » *in* Qorraj and Hashi (2021), p. 125-138.
SASAC (2017), *PPA xiangmu guanli tuandui* [L'équipe de gestion du projet PPA], 2 août 2017, http://www.sasac. gov.cn/n4470048/n4470081/n7500405/n7500420/n7500435/c7505108/content.html.
SERS [Service économique régional de Sofia] (2021), Brèves économiques Danube-Balkans (9 juillet 2021), DGT, MEFR, https://www.tresor.economie.gouv.fr/Articles/c59e6801-325c-4546-a755-69f6a362d59f/files/29ac20f2-b2a1-4970-aaf5-a3de0a396bb9.
Sezgin S. et T. Çakmak (2020), « Turquie : En 2019, les constructeurs automobiles de Bursa ont exporté chaque jour 1343 véhicules », *Anadolu Agency*, 28 janvier 2020, https://www.aa.com.tr/fr/turquie/turquie-en-2019-les-constr ucteurs-automobiles-de-bursa-ont-export%C3%A9-chaque-jour-1343-v%C3%A9hicules/1716263.
Shao J. et He X. (2008), « Lun Zhongguo gangkou minying hua fazhan » [De la privatisation de la gestion des ports chinois], *Dalian haishi daxue xuebao (shehui kexue ban)* [Journal de l'Université maritime de Dalian (SHS)], 7(1), 2008, p. 30-33.
She L. (2018), « Zhong Ai Suyishi jingmao hezuo qu: beijing, chengxiao, fazhan jiyu » [La sone de coopération économique et commerciale sino-égyptienne de Suez : contexte, effets, opportunités de développement], *Guoji jingji hezuo* [Coopération économique internationale], 2018(7), p. 28-33.
Wang H. (2017), « Zhong Fei gong jian chanye yuan de xianzhuang, wenti he duice » [Bilan, problèmes et mesures pour les parcs industriels établis conjointement par la Chine et l'Afrique], *in* Zhang and Wang, 2017, p. 001-028.
Wing T. W. *et al.* (eds) (2012), *A New Economic Growth Engine For China: Escaping The Middle-Income Trap By Not Doing More Of The Same*, London, Imperial College Press.
Xia X. (2018), « Zhongguo jingwai jingmao hezuo qu gaosu fazhan yuanqu — kaifa qiye yingli moshi xu duoyuanhua » [Les ZCECE chinoises se développent rapidement – Le modèle de profit des opérateurs doit être diversifié], *21 Shiji jingji baodao* [Le

Rapporteur économique du 21e siècle], 3 juillet 2018, http://epaper.21jingji.com/html/2018-07/03/content_ 892 99.htm.
Zhang H. et H. Wang (eds) (2017), *Feizhou fazhan baogao n°19 (2016-2017): Feizhou gongye hua yu zhongguo zai feizhou chanye yuanqu jianshe* [Rapport sur le développement de l'Afrique, n° 19 (2016-2017) : l'industrialisation de l'Afrique et l'établissement par la Chine de parcs industriels en Afrique], Beijing, Shehui kexue chubanshe.
Zhang L. (2019), « Narcissistic Sinocentrism », entretien avec Olivier Postel-Vinay pour Cairn's Monthly Dossier #11 sur *The Torments of Contemporary Chinese Thought,* https://mailchi.mp/cairn/dossier-11-contemporary-chinese-thought.
Zhou H. (2018), « China's Balancing Act in the Western Sahara Conflict », *Africania Studia*, n° 29, p. 145-156, https://ojs.letras.up.pt/index.php/1_Africana_2/article/view/7635/7003.

● ● ● Tables

Table des encadrés

Table des figures

Table des tableaux

• • • Table des matières

Structures éditoriales du groupe L'Harmattan

L'Harmattan Italie
Via degli Artisti, 15
10124 Torino
harmattan.italia@gmail.com

L'Harmattan Hongrie
Kossuth l. u. 14-16.
1053 Budapest
harmattan@harmattan.hu

L'Harmattan Sénégal
10 VDN en face Mermoz
BP 45034 Dakar-Fann
senharmattan@gmail.com

L'Harmattan Cameroun
TSINGA/FECAFOOT
BP 11486 Yaoundé
inkoukam@gmail.com

L'Harmattan Burkina Faso
Achille Somé – tengnule@hotmail.fr

L'Harmattan Guinée
Almamya, rue KA 028 OKB Agency
BP 3470 Conakry
harmattanguinee@yahoo.fr

L'Harmattan RDC
185, avenue Nyangwe
Commune de Lingwala – Kinshasa
matangilamusadila@yahoo.fr

L'Harmattan Congo
67, boulevard Denis-Sassou-N'Guesso
BP 2874 Brazzaville
harmattan.congo@yahoo.fr

L'Harmattan Mali
ACI 2000 - Immeuble Mgr Jean Marie Cisse
Bureau 10
BP 145 Bamako-Mali
mali@harmattan.fr

L'Harmattan Togo
Djidjole – Lomé
Maison Amela
face EPP BATOME
ddamela@aol.com

L'Harmattan Côte d'Ivoire
Résidence Karl – Cité des Arts
Abidjan-Cocody
03 BP 1588 Abidjan
espace_harmattan.ci@hotmail.fr

Nos librairies en France

Librairie internationale
16, rue des Écoles
75005 Paris
librairie.internationale@harmattan.fr
01 40 46 79 11
www.librairieharmattan.com

Librairie des savoirs
21, rue des Écoles
75005 Paris
librairie.sh@harmattan.fr
01 46 34 13 71
www.librairieharmattansh.com

Librairie Le Lucernaire
53, rue Notre-Dame-des-Champs
75006 Paris
librairie@lucernaire.fr
01 42 22 67 13

www.ingramcontent.com/pod-product-compliance
Lightning Source LLC
LaVergne TN
LVHW051359061026
849535LV00009B/3268